财税政策与可持续发展

——以稀土产业为例

孙全民 ◎ 著

CAISHUI ZHENGCE YU KECHIXU FAZHAN

——YI XITU CHANYE WEILI

东北林业大学出版社
Northeast Forestry University Press

·哈尔滨·

图书在版编目（CIP）数据

财税政策与可持续发展——以稀土产业为例 / 孙全民
著. —哈尔滨：东北林业大学出版社，2016.12（2024.8重印）
ISBN 978-7-5674-0985-9

Ⅰ.①财… Ⅱ.①孙… Ⅲ.①稀土金属—矿产资源开
发—税收政策—研究—中国②稀土金属—矿产资源开发—
可持续性发展—研究—中国 Ⅳ.① F812.422 ② F426.32

中国版本图书馆 CIP 数据核字 (2017) 第 015615 号

责任编辑：赵　侠　刘剑秋

封面设计：谢孟芳

出版发行：东北林业大学出版社

　　　　　（哈尔滨市香坊区哈平六道街 6 号　邮编：150040）

印　　装：三河市天润建兴印务有限公司

开　　本：710 mm × 1000 mm 1/16

印　　张：14.25

字　　数：194 千字

版　　次：2017 年 10 月第 1 版

印　　次：2024 年 8 月第 3 次印刷

定　　价：55.00 元

前　言

可持续发展是近几十年来国际社会普遍关注的话题。可持续发展包含了生态可持续、经济可持续和社会可持续三个方面的要求，强调的是经济、社会发展与资源环境的协调，不同产业内部、产业之间以及某个区域的可持续发展都是可持续发展的组成部分。

如何通过征税手段促进可持续发展，这个问题一直是国内外广泛关注的热点。全面理解、分析和研究税收与产业可持续发展的关系，正确运用税收政策组合来有效地促进可持续发展的实现，是一项非常有现实意义的工作。

稀土产业作为重要的战略资源产业，它的可持续发展对于国民经济发展、科技创新有着十分重要的作用。本书从稀土产业的界定和特点出发，基于产业可持续发展的理论基础，结合我国稀土产业的现状，分析财税政策支持稀土产业可持续发展的依据、必要性和政策工具，对稀土产业和稀土产业财税政策的演变、现状和问题进行研究，然后再比较借鉴国外经验，提出我国稀土产业可持续发展财税政策的基本框架及相关的配套策略建议。

由于资源税对环境保护、资源的开发利用、产业结构的优化和升级都具有调节作用，所以，在当前国家调控产能过剩、进行供给侧改革的背景下，配合结构性减税的需要，必须加快资源税费改革，以调整资源的需求和供给；开征环境保护税，以达到淘汰落后产能、优化产业结构的目的，实现绿色发展理念。通过对这类税收的改革，构建绿色税收体系，以此引领绿色、协调可持续发展。

　　本书以稀土产业为例，在总结分析稀土产业发展现状和存在问题的基础上，以支持我国稀土产业可持续发展为宗旨，结合财政学、产业经济学、发展经济学、制度经济学、资源经济学、环境经济学等学科理论和方法，对支持稀土产业可持续发展的财税政策进行了全面系统的研究。首先，稀土产业的战略地位、政府干预和财税政策的效应是财税政策支持稀土产业发展的动因；其次，我国稀土产业发展的现状、趋势和存在的主要问题以及当前发展所带来的贸易争端，是财税政策支持稀土产业可持续发展的背景与指向；再次，世界其他国家的政策经验、发展战略为我国促进稀土产业可持续发展提供了有益的启示；最后，立足于我国稀土产业发展现实，借鉴国际战略产业发展先进经验，进一步提出了构建我国稀土产业可持续发展的财税政策支持体系的建议。

　　本书前四部分，重点介绍了选题的背景和意义、可持续发展的相关理论，结合稀土产业国际国内发展现状和趋势，提出了稀土产业实现可持续发展的路径，并说明了财税政策促进稀土产业可持续发展的作用机理；后四部分通过研究和分析，提出构建我国稀土产业可持续发展的资源环境税费改革、稀土资源开发生态补偿、技术创新财税政策，并对稀土产业可持续发展的其他相关策略提出了一些建议。

　　本书通过一系列财税政策体系的构建和其他相关策略的配合作用，以期达到促进稀土产业可持续发展的目的，并希望能对其他产业乃至全社会实现绿色、协调可持续发展提供有意义的参考和借鉴。

目录

1 导论

我国拥有世界上储量最多、品种最全的稀土资源。我国稀土储量在 2009 年约为 1 859 万吨，大约占世界已知储量的 23%；到 2011 年，我国稀土冶炼产品产量约为 9.69 万吨，占世界总产量的 90% 以上，实际出口量为 1.86 万吨。❶ 我国在稀土的储量、生产、应用和出口方面已经成为世界上最大的国家。长期以来，我国对全球的稀土低价供应不仅没有从宝贵的稀土资源中获得应有的利益，反而付出了沉重的环境和资源代价。稀土产业虽然对经济总量的贡献不大，但稀土产业在经济社会发展中的用途十分广泛。当前我国稀土产业发展模式存在很多问题和不足，需要根据经济社会形势变化，发挥财税政策的作用，促进稀土产业的可持续发展。本章是导论部分，主要介绍本书的选题背景和意义、国内外相关研究情况及述评、研究的主要内容、研究的思路和方法、研究的主要创新和不足，主要目的是从整体上理清本书的研究脉络。

1.1 选题的背景及意义

1.1.1 稀土国际贸易争端

我国近几年为加强稀土产业的管理，相继采用的出口关税、配额限制等措施引发了美国、日本等国家和欧盟地区针对我国的稀土出口贸易诉讼和争端不断。

（1）9 种原材料案胜诉增加了西方对打赢稀土案的信心。2009 年

---

❶ 中华人民共和国国务院新闻办公室 . 中国的稀土状况与政策白皮书 [N]. 人民日报，2012-6-21.

6月，美欧将我国铝土、焦炭、萤石、镁等9种原材料出口政策诉至世界贸易组织（WTO），2012年年初美欧赢了针对我国9种矿产资源的世贸官司，中方的环保诉求并未获得WTO的支持。

（2）我国加大对稀土出口和整个稀土产业的管控。我国从2007年开始对稀土生产计划由指导性调整为指令性，出口配额也开始略有削减。从2008年开始，出于对环境和资源的保护，我国对稀土资源实行更加严格的出口配额管理。2010年稀土出口配额总量比2009年降幅接近40%，成为日本、美国、欧盟不满的缘由。2011年和2012年的稀土出口配额总量也与2010年基本持平，2012年我国稀土仍然实行出口配额分配制度，并对稀土出口企业执行了严格的环保核查制度，2012年我国稀土出口配额总量为30 996吨，其中轻稀土27 122吨，中重稀土3 874吨。这一系列针对出口的管制政策的出台也引来了以美国为首的西方国家挑起的稀土贸易争端。

（3）稀土再度成为我国对外贸易的焦点。2012年3月13日，美国联合欧盟和日本，这三大发达经济体向世界贸易组织提起了一项针对我国限制稀土出口的贸易诉讼。

美国贸易代表办公室（USTR）称，中国对包括稀土、钨和钼实施了不公平的出口限制措施，包括征收出口关税、规定出口配额和出口价格，同时在出口程序上实行限制，这降低了上述产品在中国国内的价格，但抬高了外国企业的进口价格，使得外国企业面对不公平竞争。

（4）我国稀土长期低价供应，造成国外依赖于我国的稀土出口。由于稀土资源的稀缺性和开采的高污染性，世界上很多国家都通过进口稀土来满足本国的稀土需求。美国能源部2010年年底出台的《关键材料战略》报告中显示，2009年稀土氧化物供应量分别为：中国12.5万吨、俄罗斯2 470吨、印度50吨，美国供应量为0。我国稀土由于价格低的优势，在全球的市场份额从20世纪90年代开始大增，从1995年的约55%上升至2008年的96%，基本上控制了国际稀土供应市场。

（5）稀土价格在国际市场上一直保持上涨势头。据钼矿公司招股说明书的介绍，在经历 2009 年的下跌之后，2009 年 10 月至 2010 年 6 月，稀土价格平均上涨约 70%，其中氧化铈、氧化镧等常用稀土氧化物的价格上涨更是超过 80%。

2011 年年初，伴随着我国稀土生产、开采、整合政策的密集出台，稀土价格翻了几番。涨幅最大的是氧化镝，在 7 个月的时间内，价格上涨858.3%，涨幅最小的金属镧也超过 300%。尽管此后稀土价格出现跳水，但仍处于历史较高水平。

我国一方面在逐步削减稀土的出口配额，同时也在不断加大国内的整顿力度，目的是要实现稀土资源的有序开采。我国在 2010 年开始加强对国内稀土产业的整合，逐步加大对稀土资源的管控力度，一是为了应对因国内对稀土需求的快速增长而导致稀土资源的大幅减少；另一方面也试图向世界证明，我国在限制稀土出口的同时，对国内的生产和消费也同样加以限制，欲谋得 WTO 规则下例外❶的可能。

我国政府仅仅从应对稀土贸易争端的角度，要在继续采取出口限制措施的同时，在国内对相关稀土材料的生产或消费也采取同样的限制措施，如提高相关企业进入门槛、清理不合规的（生产条件、环境治理条件）在建项目、停止新开采项目审批、统筹协调开采权等，并发挥财税政策的作用，通过稀土资源税费改革、环境税费改革、生态补偿、技术创新等措施，实现稀土资源的保护、节约、消费限制、生态恢复治理，也即可持续发展。

1.1.2　稀土产业是国家战略产业

战略产业也可称为先导产业，根据国际通用判定标准，战略产业是指具有战略意义，在国家政策保护和扶植下能够发展成为未来主导产业或

---

❶　WTO 规则 GATT 第 20 条 g 项允许 WTO 成员方为了保护可用竭的自然资源而采取措施，但要求相关措施必须同时符合四项独立的要求：一是可用竭的自然资源；二是与保护自然资源相关；三是能够限制国内的生产或消费；四是符合 GATT 第 20 条引言的规定。

支柱产业，在国民经济发展中起带动、调节和促进结构转型的作用。

战略产业是关系国家长远利益的产业，对提高综合国力发挥至关重要的作用，必须由国家保持控制和支持，不以短期经济利益为目标的产业。战略产业的发展关系国家发展全局，与国家安全联系紧密，关系到国家、民族在世界经济、政治、军事上的战略行动能力。因此，战略产业的发展不能仅仅考虑个人、企业、地方或部门的局部利益，而应站在国家的角度考虑整体利益。

稀土产业从产量、产值和效益等产业经济指标来看是个小产业。因为稀土具有用量少、功效大的特征，所以稀土产业的发展水平不能以经济总量的大小来衡量，不能盲目追求做大稀土产业。稀土产业的发展应确定为国家战略，从稀土资源保护和产业整体规划两方面入手，促进稀土产业的可持续发展。

（1）稀土是现代高科技产业发展不可替代的重要战略新兴材料。目前以稀土永磁材料、稀土发光材料、稀土储氢材料等为主的稀土新材料已经成为新型装备制造业、信息技术产业、新能源产业、环境保护产业等高新技术产业不可或缺的重要原材料。当今世界高新技术中每三项就有一项与稀土有关，越来越多的稀土新材料被开发应用到技术创新活动，稀土产品在现有技术水平下已成为一种不可替代的战略新兴资源。

（2）稀土产业是我国经济、国防建设的重要支撑和主导产业。经过多年的发展，我国稀土产业已形成从采选、冶炼分离、深加工、新材料到稀土高端应用产品的集科研、生产、应用于一体的较为完整的稀土产业体系，我国发展为世界上最大的稀土资源生产、出口和消费国，凭借资源优势，理应在国际市场上居支配和主导地位，使我国稀土产业成为具有国际竞争力的优势产业。

（3）稀土产业可以发挥长期经济效益。随着稀土应用技术的研发和在更广泛领域的延伸，稀土产业将发挥长期经济效益，对国家经济发展方式转变、产业结构调整、技术创新、环境保护等作用巨大。

1.1.3 行业发展的需要

可持续发展是近几十年来国际社会普遍关注的话题。可持续发展包含了生态可持续、经济可持续和社会可持续三个方面的要求，强调的是经济、社会的发展与资源环境的协调，不同产业内部、产业之间以及某个区域的可持续发展都是可持续发展的组成部分。稀土产业作为重要的战略资源产业，它的可持续发展对于国民经济发展、科技创新有着十分重要的作用。

近年来，稀土产业发展问题受到国内外政治家、经济学家、业界人士和公众的广泛关注，我国从 20 世纪 50 年代开始发展稀土工业，在稀土的开采、分选、冶炼和应用方面取得了很大进步。但在发展过程中存在诸如过度开发资源、严重的生态环境破坏、不合理的产业结构、价格背离价值和出口走私比较严重等许多问题，产业发展不可持续。

针对这些突出问题，我国政府近年逐步加大对稀土产业的监管力度（见表 1-1）。2003 年我国对出口退税制度进行了改革，降低了"两高一资"（高能耗、高污染和资源性）产品（包括稀土冶炼、分离产品）出口退税率；2006 年对稀土产品全部取消出口退税，并从 2006 年开始征收、调高稀土产品出口关税，提高稀土产品出口门槛；2008 年开始推行稀土出口配额制度；2011 年 4 月国家统一调整了稀土矿原矿资源税税额标准；2011 年 5 月，国务院正式颁布了《关于促进稀土行业持续健康发展的若干意见》，把保护资源和环境、实现可持续发展提到更加重要的位置，依法加强对稀土开采、生产、流通、进出口等环节的管理，研究制定和修改完善加强稀土行业管理的相关法律法规。2012 年 4 月，中国稀土行业协会成立，协会在行业自律、规范行业秩序、积极开展国际合作交流等方面发挥重要作用。2012 年 6 月《中国的稀土状况与政策》白皮书由我国发布，对我国稀土的现状、发展原则、保护和利用等情况进行了全面介绍。

	表 1-1 近年中国稀土产业政策	
时间	政策核心内容	政策目标
2003 年 10 月	稀土金属与氧化物出口退税率分别从 17% 和 15% 下降到 13%	出口
2005 年 5 月	取消出口退税	出口
2005 年 5 月	将稀土原矿产品列入加工贸易禁止类商品目录	出口
2006 年 4 月	停止发放新的稀土开采执照	开采量
2006 年 4 月	控制稀土开采总量，开采配额下调 20%	开采量
2006 年 11 月	对稀土矿产品、化合物加征 10% 的出口关税	出口
2006 年 11 月	将 41 种稀土金属、合金、氧化物列入贸易禁止类商品目录	出口
2006 年 12 月	商务部宣布合格稀土产品出口商，出口商数量从 47 家减少到 39 家	出口
2007 年 1 月	稀土矿和冶炼产品生产由指导性计划改为指令性计划，限定各省开采量	开采量
2007 年 1 月	四川省宣布暂停稀土开采	开采量
2007 年 6 月	稀土精矿出口关税从 10% 提高到 15%，稀土金属出口关税为 10%	出口
2008 年 3 月	对南方稀土矿开采进行严厉整顿，取缔非正规稀土矿开采企业多家	开采量
2008 年 8 月	2008 年整体稀土出口配额比 2007 年下降 21%	出口
2008 年 11 月	将钇、铕、镝、铽等元素出口关税上调到 25%，其他产品出口关税均上调到 15%	出口
2008 年 12 月	之前不征税的金属镝铁和钕铁硼追加 20% 的出口关税	出口
2009 年 1 月	2009 年第一批一般贸易稀土出口配额同比下降 33%	出口
2009 年 4 月	暂停受理稀土勘探（查）许可证、采矿许可证申请	行业规范
2009 年 4 月	2009 年稀土开采限额在 2008 年基础上下降 6%	开采量
2009 年 9 月	2009 年一般贸易稀土出口总配额同比下降 3%	出口
2009 年 9 月	2009 年外资企业稀土出口配额同比减少 21%	出口
2010 年 3 月	下达 2010 年稀土矿开采总量控制指标	开采量
2010 年 3 月	下达 2010 年第一批贸易稀土出口配额总量	出口
2011 年 1 月	2011 年稀土配额下降 11.4%，且加征 15% ~ 25% 关税，稀土原矿和 41 种稀土产品被列入加工贸易禁止目录	出口
2011 年	国家颁布实施《稀土工业污染物排放标准》	环保

时间	政策核心内容	政策目标
2011 年 4 月	国家统一调整了稀土矿原矿资源税税额标准	价格
2011 年 5 月	国务院颁布了《关于促进稀土行业持续健康发展的若干意见》	行业
2012 年 4 月	中国稀土行业协会成立	行业
2012 年 6 月	《中国的稀土状况与政策》白皮书由国务院新闻办发布	行业
2012 年 7 月	《稀土行业准入条件》由工信部发布实施	行业
2015 年 4 月	商务部发布的《2015 年出口许可证管理货物目录》明确,自 2015 年 1 月 1 日开始,稀土出口开始执行出口许可证管理	出口
2015 年 5 月	实施稀土、钨、钼资源税清费立税、从价计征改革	税收

我国对稀土行业管理的加强是出于保护环境和资源、促进稀土产业可持续发展的根本目的,但相继采用的出口关税、配额限制等措施引发了美国、日本等国家和欧盟地区针对我国的稀土出口贸易诉讼和争端不断。即使忽略国际贸易上的争端,仅关注国内市场,单一的配额管制方法也难已达到可持续发展的政策目的。

2014 年 3 月 26 日,WTO 公布专家组报告,裁定中国对稀土、钨、钼相关产品采取的出口关税、配额管理措施违反 WTO 相关规定。专家组报告认可了中方有可持续使用自然资源的权利以及中方已充分证明存在综合保护稀土资源的政策,但同时认定稀土出口配额措施与保护资源无关。从保护稀有资源的角度出发,首先,可以通过增加矿产税的方式,增加采矿成本。其次,提高环保标准,加大监管力度,限制国内稀土的开采和消费。

在上述背景下,本书主要从财税政策角度对我国稀土产业可持续发展进行研究,提出稀土产业实现可持续发展的路径选择,并进一步探讨国家财税政策在这一过程中的有效政策支持。

1.1.4 选题的意义

可持续发展是一个内容十分广泛的概念。要实现稀土产业的可持续发展，需要在产业、资源、环境、社会各方面的和谐统一，涉及稀土资源、自然环境、经济、社会等方方面面，因此需要多种途径、多种方式的协调配合，但很重要的一点是需要政府发挥更大的调控作用。而国内外的财税理论与实践都已证明，财政税收是政府的重要调控杠杆，促进稀土产业可持续发展的财税政策研究，在中国具有重大的示范效应和现实意义。

本书所研究的稀土产业可持续发展的财税政策范畴，包括促进稀土产业可持续发展的财政政策和税收政策。我国政府一直运用财税政策这一重要经济手段在公共产品提供、市场不足弥补中发挥强有力的作用，对产业的可持续发展和社会经济的综合、协调发展有着重要影响。促进稀土产业可持续发展的财税政策手段主要包括：政府直接投资、财政补贴、加速折旧、技术创新资助、设立专项发展基金、生态补偿以及税收减免优惠、征收资源税、开征环境保护税等支持措施。通过财税政策的配合和合理运用，可促进稀土资源的节约和可持续利用、稀土产业集群的形成和循环经济的发展；支持科技进步，提高资源勘探、开采和利用水平，加大污染治理和废弃物的回收利用、激励生态环境和污染治理行为。

1.2 国内外研究的现状

1.2.1 关于可持续发展

可持续发展的概念主要揭示了经济发展、环境质量与社会平等之间的协调关系。自从在 1972 年斯德哥尔摩的联合国人类环境会议上，国际社会团体首次提出了生存水平与环境质量之间的关系以来，可持续发展的概念不断得以完善。但直到 1987 年，"可持续发展"才最终被定义为"既满足当代人的需求，又不损害后代人满足其需求的能力"。这是在 1983 年联合国会员大会上成立的世界环境与发展委员会（WCED）的报告中最早提出的。因该委员会主任由时任挪威首相的布伦特兰夫人（Gro Harlem Brundtland）担任，所以这个报告经常被称为"布伦特兰委员会报告"。

这个定义明确了需要有一种能够平衡人类经济及社会需求与自然环境再生能力的综合决策。可持续发展是包括资源开发、技术发展趋势、投资方向、机构改革以及调和未来与当前需求的一个动态过程。通过分析，布伦特兰委员会指出，可持续发展必须依赖于政府的意愿，作为重大的经济、环境、社会决策进行制定。关于可持续发展的定义和概念有重要意义的有很多，包括 57 种定义、19 个原理、12 个标准、4 个概念框架和 28 套指标❶，可见，可持续发展已成为世界各国政府和公众关注的热点和各行各业专家学者研讨的焦点。

我国也于 1994 年将可持续发展战略纳入国家政策规划，宣布了《中国 21 世纪议程》。几十年来，在我国可持续发展战略实施过程中，国内许多专家学者也对可持续发展问题进行了广泛而深入的研究。厉以宁（1995）通过对比分析"低收入低污染 – 高收入高污染 – 高收入低污染"发展模式的代价，以及"边发展经济，边治理环境"的可行性和局限性，提出了解决经济可持续发展的三种可能方式，明确提出走以生态农业和环保产业为主导的、符合中国国情的经济发展道路。戴星翼（1998）从经济学的角度讨论可持续发展，提出减物质化是可持续发展的基本途径。刘思华（1997）阐述了可持续发展经济是以生态可持续发展为基础，以社会可持续发展为根本目的，实现三者的有机统一；并且提出物质资本、人力资本和生态资本三类资本共同增值是可持续发展经济的最佳模式；还提出制度创新、技术创新和生态创新相互作用是推动现代经济可持续发展的途径。诸大建（1998）强调循环经济是一种具有整合意义的新发展方式，它是对工业化运动以来经济、社会、环境分裂发展模式的根本

---

❶ 彼得·P.罗杰斯，卡济·F.贾拉勒，约翰·A.博伊德.可持续发展导论［M］.郝吉明，邢佳，陈莹，译.北京：化学工业出版社，2008：62.

性变革。

1.2.2 关于税收与可持续发展的关系问题

通过征税手段促进可持续发展，这个问题一直是国内外广泛关注的热点。国外学者主要从外部性角度对该领域研究的理论基础加以说明。英国经济学家庇古（1920）最先提出了政府可以利用税收手段对资源利用中的外部性进行消除的思想❶，在此之后兰德尔、鲍莫尔和奥茨也都对环境的外部性问题进行了深入研究。兰德尔还建立了帕累托外部效应的模型，认为许多污染问题是由自然资源消费的不可分割性和非专有性造成的，同时，他还对资源有效利用过程中的规章制度、征税和收费的效力进行了比较。❷鲍莫尔和奥茨一致认为：对企业的污染物排放行为征税，可以使企业排污的外部成本内部化，从而实现帕累托最优状态。❸

对于征税可以促进资源可持续利用的依据研究，国内学者也偏重于运用西方经典的外部性和公共物品两种理论。高萍（2004）认为，因资源开采对现实环境以及后代资源利用基础所产生的外部性成本的市场调节存在失灵，国家利用税收这一重要的经济手段加以调节是必要和有效的，环境保护税在可持续发展实现中的作用是不可忽视的重要经济手段。❹龚辉文（2005）认为，资源税的征收可以消除由于市场机制存在的经济外部性缺陷而导致本身存在过度开发使用自然资源的内在诱因。❺胡志军（2006）提出，征税和补贴是政府纠正外部性的两种主要方式，补贴虽然可以使污染成本内部化，但同样也会增加政府的财政支出，而征税不仅可以内部化成本，还会为政府环保投入提供一个稳定的资金来源。❻

---

❶ Arthur Cecil pigou. The Economics of welfare［M］.London：Macmillan，1920：22.
❷ 阿兰·兰德尔.资源经济学［M］. 施以正，译.北京：商务印书馆，1989：8.
❸ 威廉·J.鲍莫尔，华莱士·E.奥茨.环境经济理论与政策设计［M］.2 版.严旭阳，译.北京：经济科学出版社，2003：6–10.
❹ 高萍.征收环境保护税是实现可持续发展的需要［J］.税务研究，2004（5）：46–55.
❺ 龚辉文.促进可持续发展的税收政策研究［M］.北京：中国税务出版社，2005：76–82.
❻ 胡志军.促进可持续发展的税收政策研究［D］.武汉：华中师范大学，2006：9–10.

总的来看，国内外学者普遍认为征税是可以对资源开发使用过程中产生的负外部性进行有效消除的，研究视角多关注于矿产资源以及矿产资源企业的可持续发展，或者是基于可持续发展观的矿产资源税收的整体改革问题，而很少涉及有针对性地专门对稀土这类特殊资源的税费制度和资源地的可持续发展之间关系的研究。因此，如何全面理解、分析和研究税收与可持续发展的关系，正确运用税收政策组合来有效地促进可持续发展的实现，确是一个十分重要的课题。

1.2.3 关于稀土产业与发展策略

（1）关于我国稀土产业政策介绍及其实施效果的分析。袁博（2012）对我国各个发展时期稀土产业政策和管理体制进行了回顾和梳理；郑传均等（2012）、潘安（2012）详细分析了我国稀土行业的现状、我国政府近年出台的稀土政策及其效果，在此基础上提出了相应的政策建议；吴志军（2012）在对我国稀土产业政策的现状和初步取得的成效进行整理的基础上，分析了当前政策所引发的新问题以及潜在风险，针对存在的问题并结合稀土产业的发展趋势对未来稀土产业政策的完善进行了探讨；吴敬琏（2002）认为我国稀土产业的发展，技术创新的作用要比制度创新更重要；苏文清（2004）分析了我国稀土产业国际竞争力的优势、劣势及其成因以及面临的竞争对手和威胁；王武平（2005）对我国稀土产业发展的内外部环境运用经济学和管理学理论进行了系统分析，对稀土产业的国际竞争力运用 SWOT 分析进行了评价；周喜（2010）认为我国稀土产业发展中产品深加工力度不够、产业结构不合理、市场容易波动等不利因素仍然存在；沈建梅（2002）对我国稀土产业链建设进行总结，认为内蒙古、江西、福建等地稀土矿产资源开采→稀土冶炼分离→稀土金属材料→稀土合金材料→稀土应用产品的一体化产业链条已经建立，包括永磁、发光、催化、防腐、绿色能源环保等材料在内的主要产业链已形成；熊家齐（2003）对包头稀土产业链的特点和经济意义进行了阐述并加以深入分析；马荣璋（2012）通过对我国和世界稀土产业发展现状分析，指出我国稀土行业的工作重点是有效利用资源、实现清洁生产、加强环境保护与生态恢复以及规范稀土开采、生产、市场和出口秩序。

（2）国内的一些学者对稀土产业集群发展和循环经济发展进行了研究。赵明华（2005）针对包头稀土产业集群发展过程中存在的问题，提出积极引进稀土相关企业，增强龙头企业带动能力，发挥政府宏观调控功能，提升产业集群竞争力的政策建议；董君（2011）、曹慧等（2011）提出发挥政府主导作用，加强稀土产业管理，实现有序合理发展；郭茂林等（2009）、倪平鹏等（2010）、陈健等（2011）建议提升稀土产业技术水平，促进稀土应用技术和回收技术研发，延伸产业链；郭茂林等（2009）、顾学明（2010）、陶春（2011）提出加快稀土产业兼并重组，提高产业集中度，发展产业集群的建议；郝戊、梁孟（2011）提出从资源保护、产业结构调整、技术创新和生态保护等方面推进稀土产业循环经济发展；王艳文（2012）以 GEM 模型为框架，通过实地调研，分别对包头稀土产业集群的竞争力进行了总体和单因素实证分析和评价，有针对性地提出包头稀土产业集群竞争力提升的对策建议。

（3）很多学者提出了建立国家稀土战略储备制度的建议。徐光宪（2009）提出推行稀土战略储备制度，加强资源保护，夺取稀土国际定价权；张所续（2011）在比较分析美国、日本和瑞典三国矿产资源战略储备制度的基础上，提出了我国资源战略与国家战略紧密结合、多层次矿产资源储备和矿产地战略储备补偿、限制优势矿产资源开采和出口的建议；邓佐国、徐廷华（2011）通过对国外矿产资源储备目的、制度、目标、管理机构、专项资金筹措等内容的介绍和分析，提出了建立和完善我国稀土战略储备制度的相关建议；王伟化、范振儒（2012）探讨了稀土战略性产业发展的开发性金融支持模式；陈健、吴楠（2012）介绍了世界稀土的现状和我国稀土资源概况，对比美、日、英、德等国的稀土战略政策，概括我国稀土资源管理中存在的问题及产生的原因，提出我国稀土战略可持续发展对策，并建议将稀土资源保护提高到国家战略的层次；陈健等（2011）建议继续加强稀土出口管理；郭茂林等（2009）、顾学明（2010）提出建立稀土资源开发补偿机制；曹慧、李文龙（2011）建议扩大稀土国内市场消费，减少出口依赖；陶春（2011）对中国稀土资源产业未来发展提出了加强市场控制力、产业链延伸、资源综合利用以及走出去的发展战略；陈志（2012）通过对稀土专项立法的必要性和可行性分析，提出国家在立法层面上出台稀土保护法的建议，对稀土资源进行特殊保护；刘慧芳（2013）通过对我国政府与稀土企业、稀土企业之间的博弈分析，提出政府应采取促进技术进步、减少资源消耗和生态环境影响、加强行政法律手段管理稀土行业的政策建议。

（4）关于稀土产业发展的财税政策建议方面，我国学者的研究主要集中在稀土资源税费改革的建议上。李刚（2011）建议开征稀土补偿费，并细化共伴生矿补偿征收方式；张许静、王正明（2012）认为提高稀土资源税率有利于国内稀土行业整合，进一步提高行业集中度，有利于增加稀土出口市场定价权，并建议稀土资源税采取从价税的方式；赖丹、边俊杰（2012）提出改革资源税征收方式和征收依据、提高矿产资源补偿费征收标准、开征环境税、收益分配向资源地倾斜、加大财政转移支付力度、建立稀土产业可持续发展风险准备金制度等建议，以促进资源型地区的可持续发展。

1.2.4 国内外研究的评述

随着全球稀土产业的快速发展，国内外学者对支持稀土产业发展的财税政策研究也不断走向深入并取得了丰硕的成果。现有对稀土产业的研究主要集中于：一是对稀土资源及其开发情况的研究；二是对稀土产业发展状况及存在问题的研究；三是对稀土产业政策的分析及发展战略的研究，主要侧重于我国稀土资源潜力、稀土产业管控、稀土出口政策、战略储备、稀土应用以及政策激励措施的研究；四是对国外部分国家稀土战略的介绍；五是对稀土资源税费情况的介绍并提出进一步改革的对策建议。

尽管稀土产业在不同国家、不同发展阶段具有不同的特征，但学者们对政府应该出台财税政策促进稀土产业可持续发展的认识基本一致：第一，世界各国的稀土产业发展都需要政府的干预，财税政策是不可或缺的政策方式；第二，财税政策的方式主要有两种，一种是政府财政支出或设立发展基金，另一种是税收政策改进对稀土产业各环节的作用。

笔者通过对国内外相关研究的梳理和学习借鉴，从理论和实证两方面丰富了财税政策对发展一国稀土产业的重要作用，并在文献研究过程中发现：第一，目前对我国稀土产业可持续发展的财政政策、税收政策的专门研究很少，且散见于各处。迄今为止，仅有 3 篇关于我国稀土产业及其发展战略方向研究的博士论文，以及不到 20 篇关于我国稀土产业发展的硕士论文，尚未发现我国稀土产业可持续发展财税政策方面研究的博士论文。本书吸收借鉴了部分文献对国内外稀土资源的现状研究与国际战略总结，由于稀土产业发展的现实数据需要更新，还需要对我国稀土产业的实际发展情况进行调研并搜集整理最新的数据。第二，从稀土产业可持续发展相关理论看，大多数研究关注的是稀土资源产业的战略研究，而从经济学理论角度和结合稀土产业发展全局的角度对稀土产业可持续发展财税支持政策体系的研究很少。

因此，系统地分析和研究我国稀土产业可持续发展的现状、存在的问题和发展机遇，现行财税政策的积极作用和不足，可资借鉴的国际经验，立足我国国情提出一套构建与完善我国稀土产业可持续发展财税政策体系的政策建议，对促进我国稀土产业的可持续发展、提高稀土的市场竞争力具有积极的现实意义，本书的选题具有较大的研究空间。

1.3 研究方法与思路

1.3.1 研究方法

在论证本选题过程中，笔者采取实地调研的方法并广泛搜集资料，以尽可能及时了解国内外稀土产业相关领域的最新研究成果，并分类评价现有同类研究成果，最终选择确定本书论题。

本书在总结分析稀土产业发展现状和存在问题的基础上，以支持我国稀土产业可持续发展为宗旨，结合财政学、产业经济学、发展经济学、制度经济学、资源经济学、环境经济学等学科的理论和方法，对支持稀土产业可持续发展的财税政策进行了全面系统研究。首先，稀土产业的战略地位、政府干预和财税政策的效应是财税政策支持稀土产业发展的动因；其次，我国稀土产业发展的现状、趋势和存在的主要问题，以及当前发展所带来的贸易争端是财税政策支持稀土产业可持续发展的背景与指向；再次，世界其他国家的政策经验、发展战略为我国促进稀土产业可持续发展提供了有益的启示；最后，立足于我国稀土产业发展现实，借鉴国际战略产业发展先进经验，进一步提出了构建我国稀土产业可持续发展的财税政策支持体系的建议。

本书在研究方法上主要运用实证分析与规范分析相结合、理论与实践案例分析相结合、定性分析与定量分析相结合、其他产业可持续发展财税政策经验与稀土产业实践的横向比较相结合的研究方法。具体如下。

第一，实证分析和规范分析相结合。实证分析就是用来解决经济问题"是什么"的研究方法，分析经济活动的过程、发展中存在的问题及发展战略问题，而不进行社会经济活动的价值判断。规范分析实际上就是在价值判断的基础上，分析经济问题"应该是什么""怎么样才合理"的研究方法。本书结合这两种方法进行研究，也就是运用理论联系实际，用理论来客观评判现象，进而指导实践，制定符合实际的政策。

第二，文献分析方法。本书注意对已有学术成果和实践经验的总结和借鉴，对国内外稀土产业研究的相关文献进行了归纳分析，对有关经济学、管理学、环境学等理论进行了梳理并应用到对稀土产业的分析中，为本书的研究确定学术和理论基础。

第三，比较分析方法。本书通过比较分析美国、欧盟、日本、韩国、俄罗斯、德国等国家和地区稀土产业发展的策略，得出经验启示；通过比较财税政策支持信息产业、高新技术产业的效果，分析了财税政策对稀土产业可持续发展的积极作用。

第四，国际经验与国内具体国情相结合。目前我国稀土产业发展还处在起步阶段，无论在稀土资源的综合利用能力、稀土技术创新水平、稀土产业的循环经济发展还是稀土产业财税支持政策方面，都存在一些需要进一步改进的问题，本书通过借鉴发达国家支持稀土产业发展的先进经验，并与我国实际情况相结合，提出构建合理有效的稀土产业可持续发展的财税政策支持体系。

1.3.2 研究思路与框架

本书从稀土产业的界定和特点出发，基于稀土产业可持续发展的理论基础，分析了财税政策支持稀土产业可持续发展的依据、必要性和政策工具，对稀土产业和稀土产业财税政策的演变、现状和问题进行了研究，然后再比较借鉴国外经验，提出我国稀土产业可持续发展财税政策的基本框架及相关的配套策略建议。

全书围绕稀土产业可持续发展，提出了促进稀土产业资源可持续、生态环境可持续、地区发展可持续和技术创新支撑等方面的财税政策设计以及其他相关措施的建议（详见图 1-1）。

本书共由八章组成。

第一章为导论，提出选题背景、目的、意义、国内外研究现状、研究方法与思路框架以及可能的创新和不足。

第二章为财政支持稀土产业可持续发展的相关理论基础研究。相关理论包括资源经济理论、产业集群理论、循环经济理论和可持续发展理论，为研究我国稀土产业可持续发展提供了理论依据。

第三章为我国稀土产业发展现状及可持续发展的路径选择。本章内容包括我国稀土资源的主要特征、稀土生产工艺流程、稀土产业概述、稀土产业可持续发展的界定、稀土产业发展现状及存在的主要问题、我国稀土产业发展的政策回顾、部分国家稀土政策借鉴及我国稀土产业可持续发展的对策建议，为研究我国稀土产业可持续发展的财税支持政策提供了背景支持。

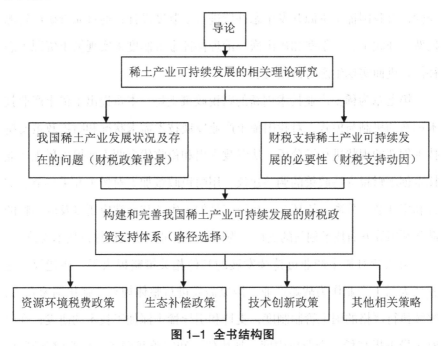

图 1-1 全书结构图

第四章为市场、政府与稀土产业的可持续发展。本章内容明确了政府在稀土产业可持续发展中的作用及财税政策支持的必要性，提出了财税政策支持稀土产业可持续发展的主要政策工具、作用环节和作用领域，为构建我国稀土产业可持续发展财税政策支持体系打下基础。

第五章为我国稀土产业发展的资源环境税费体系构建。本章在对稀土资源价值构成、稀土资源价值实现、稀土资源税费现状及存在问题分析的基础上，结合稀土资源税税额调整后包头市的征收实例，提出了按照资源可持续发展要求进行稀土资源税费近期和远期优化调整的政策建议；通过对稀土的开采、分选、冶炼、生产、应用各个环节进行环境税费的征收及有效治理污染的激励机制的设计，加大环境污染治理和资源及废弃物的循环利用，实现环境可持续发展。

第六章为稀土产业可持续发展中的生态环境补偿制度构建。本章在对稀土资源开发生态补偿的理论基础、补偿原则、补偿主体和客体、补偿形式进行介绍的前提下，分别对稀土废弃矿山、新建和正在开采矿山生态补偿费用构成进行了分析；并借鉴澳大利亚、美国、德国等国家生态补偿经验，对我国稀土资源开发生态补偿进行了制度设计；通过完善矿产资源税费、征收生态补偿费和矿山恢复治理保证金等制度来实现稀土资源生态补偿，进而实现生态可持续发展。

第七章为稀土产业技术创新的财税政策支持。本章提出了稀土产业技术创新的机制与模式，对我国稀土产业发展技术需求状况和财税政策支持技术创新的现状进行了分析，从财政支出和税收优惠两方面提出稀土产业技术创新财税支持政策的调整建议；用财税政策加大对稀土开采环节、综合利用环节、分离冶炼环节、初级产品加工生产和高端应用以及废弃物的循环利用等方面技术创新的支持，为稀土产业可持续发展提供技术支撑。

第八章对稀土产业可持续发展的其他相关策略提出了一些建议。笔者认为稀土产业作为战略产业，国家需要进行整体规划，强化国家意志，继续执行严格的国家管制制度，支持和引导稀土深加工技术的研发；在政府主导下提高稀土产业集中度，加快建立和完善我国稀土战略储备制度，以此争夺稀土国际定价权；总结分析内蒙古包钢稀土高科技股份有限公司（以下简称包钢稀土）循环经济发展实践，提出建设稀土循环经济产业集群、重视适用于循环经济发展的技术研发、为循环经济发展提供资金保障等大力发展稀土产业循环经济的建议；稀土企业集团税收分配应向资源地倾斜，以保证资源地经济发展的可持续；通过对我国稀土产品出口税收政策发展变化的回顾和效果分析，提出进一步完善稀土出口税收政策和规范出口市场秩序的建议。

1.4 主要创新与不足

本书主要从产业可持续发展相关理论出发，研究促进稀土产业可持续发展的财税政策，在借鉴国内外相关研究基础上，可能实现以下创新。

第一，选题角度的创新。稀土产业在我国既是战略产业也是新型材料产业，又是现代高科技发展的重要支撑产业，而且因稀土引发的国内国际问题颇多且复杂，如何运用财税政策解决发展中存在的一系列问题，促进稀土产业的可持续发展，目前系统的研究并不多。

第二，本书对影响我国稀土产业可持续发展的问题，在各个环节有针对性地提出了进一步完善和优化财税政策的建议，发挥各项政策的协同作用，以促进我国稀土产业的可持续发展。

第三，本书紧紧围绕我国稀土产业发展中存在的资源、生态环境、技术及产品结构等问题，提出了支持我国稀土产业可持续发展的财税政策体系框架的建议。首先，建议完善我国资源税费制度，一方面促进稀土资源的节约和共伴生资源的综合开发利用，另一方面通过资源税费征收为国家和资源地筹集生态补偿、恢复等可持续发展的资金；其次，完善我国的环境税费体系，促进稀土行业环境保护、污染治理及稀土的再生利用；再次，对生态补偿进行了制度设计，促使稀土相关补偿主体进行生态补偿，调动各方力量恢复由于稀土开发而造成的生态破坏；最后，对稀土产业发展的技术创新和其他政策保障提出建议。

本书存在的不足：

受笔者知识能力限制，以及稀土相关数据和统计资料有一定的保密性，对稀土产业经济效益、社会效益的分析和量化不足；国内外稀土资源状况、技术进步、管理制度和政策措施以及外部环境等因素都会对稀土产业的未来发展和国际竞争力产生较大影响，而且这些影响因素一直处于不断变化中，未来稀土产业发展的不确定性很大；在研究中对未来财税政策作用于稀土产业的效应分析和预测不够。这些都需要在今后的进一步研究中得到解决。

2 稀土产业可持续发展的相关理论基础

本章主要对与稀土产业发展相关的资源经济理论、资源耗竭性理论、资源生态价值理论、外部性理论、公共物品理论、产业集群理论和可持续发展理论进行介绍，为稀土产业的可持续发展和财税政策支持建议奠定理论基础。

2.1 资源经济理论

2.1.1 资源经济理论的形成

传统经济学理论一般认为工业化起步的基础和经济增长的引擎离不开良好的自然资源禀赋。赫克歇尔和奥林（Heckscher and Ohlin, 1991）提出的资源禀赋理论认为，在生产和贸易过程中，一个国家会用它最丰富的生产要素制造并出口产品，来从其他国家换取它所缺乏的生产要素所制成的产品。但自20世纪中后期，众多资源丰裕的国家和区域的资源导向型经济增长模式遭遇挑战，纷纷开始滑入资源优势陷阱，遭受着"资源诅咒"的折磨。

"资源诅咒"是指自然资源对经济增长产生了限制作用，资源丰裕经济体的增长速度往往慢于资源贫乏的经济体。❶丰裕的资源对一些国家经济增长并不一定是充分有利的条件，可能反而会成为一种限制，资源丰裕与经济增长之间存在负相关。资源丰裕国家或地区的经济增长速度有可能随着资源的大规模开发而减慢。

---

❶ Auty R M. Sustaining Development in Mineral Economies：The Resource Curse Thesis［M］. London：Routledge, 1993：76.

我国许多资源丰富的省份或地区为国家的经济社会发展提供了强有力的资源支持和保障。但是，这些资源型地区的经济社会发展也一直受到因资源开发而产生的包括环境污染、生态破坏等问题的困扰。由于对自然资源的过度依赖，很多国家和地区的经济发展容易丧失变革、创新的动力，但是"资源诅咒"理论也不足以解释现实中发生的一切。事实上，也有很多国家或地区因资源丰裕而经济成功发展的案例，关键是要对经济发展路径进行正确的选择。

李万亨等人（2000）认为，对矿产资源的研究，除了对自然界中矿产资源天然禀赋的关注以外，矿产品市场需求的变化、采矿加工技术的进步以及经济自然地理条件等重要因素，也都不可忽视。资源本身并不是问题，自然资源与"资源诅咒"没有必然联系，关键是与资源开发相关的制度设计和管理是否合理。

Zoega（2006）从建立的经济增长数理模型中得出了自然资源依赖度越高的国家，其经济增长绩效往往越差的结论。Brunnschweiler 和 Bulte（2008）通过实证分析得出结论：经济增长缓慢与自然资源本身并不存在显著联系，而与自然资源的依赖程度相联系。

张复明和景普秋（2007）在对资源型经济的内在机制进行研究的基础上，结合山西资源经济的实际案例，提出"资源诅咒"的实质是资源产业繁荣抑制了创新活动，使区域创新能力和创新活动衰退，进而导致区域发展能力衰退。

2.1.2 资源优势陷阱产生原因分析

默尔斯迪（Murshed，2007）认为，如果一个国家的经济对少数几种资源的生产和出口单纯依赖，就会造成劳动、资本和技术等向单一的资源生产部门集中，导致原本就薄弱的非资源产业进一步弱化，使社会发展的基础严重受损。从长期来看，资源和非资源型产业的发展会受资源贫乏的影响而下滑，使经济增长和社会发展遭受毁灭性打击，出现"荷兰病"❶现象。

丰裕的自然资源挤出了诸如教育、投资、创新等对经济增长具有重要驱动作用的因素，使人们减少了对人力资本、物质资本、技术进步等因素的重视和投资，从而导致资源富集经济体丧失了长期增长的动力。

丰裕的自然资源还会引发冲突、腐败和寻租等问题，使制度质量弱化，导致资源在代际关系以及各部门之间的配置不当，进而阻碍经济的增长。

2.1.3 资源经济的规避机制

在资源开发行业进行的产业链延伸、腐败惩治、资源开发相关制度设计、产权界定、完整的价格机制形成、资源收入的科学分配等对破解"资源诅咒"都是非常重要和有效的。

马歇尔和庇古认为资源经济外部性问题是因为私人成本或收益与社会成本或收益出现了不一致，进而导致资源不能得到有效配置。诺斯和科斯通过对导致外部性原因的分析，提出明晰产权可以有效配置资源，从而促使外部性内在化。公共产权是没有进行明确界定的产权，"市场失灵"就不可避免，带来很大的外部性。对于自然资源，包括矿产资源，在开发利用时为了追求最大化的利润，开发个体一般不会自觉珍惜，共同体内的其他成员就有可能承担由此产生的成本。亨宁（Henning，1974）认为，目前的采矿政策允许了太多不必要和可避免的滥用，其区位的选择和开采是不明智的，很少关注诸如污染那样的有形或无形的后果。区域政府出于优先发展本地区经济的考虑，有时因对经济效益的片面追求而忽视了环境效益，因而决策的全过程始终与外部性相伴。自然资源因稀缺及其对整个生态系统的影响而有价格，可以在市场上进行交易，而且大部分自然资源

---

❶ 20世纪50年代末荷兰北海一带储量极为丰富的天然气资源被发现，荷兰在60年代因大量开采并出口天然气而获得巨额财富，与此同时，荷兰盾随之大幅度升值，导致国内其他工业特别是传统的机械制造与出口工业逐步萎缩，不断失去国际竞争力，出现了所谓"反工业化"（de-industrialization）现象。人们把这种的现象称为"荷兰病"。

具有公共物品的属性，必须通过产权的明晰来使外部性内在化。

朱迪·丽丝（1984）认为，现在多数国家都对因采矿活动引起的环境代价采取了相应的措施，基本上选择停止生产或通过恢复和保护措施来减少损害。

联合国经济社会事务部的一份权威报告中显示，包括美国、澳大利亚、加拿大等一些国家能够把他们的资源禀赋成功转化为资源优势，关键是合理地开发和利用自然资源，形成完整的资源产业链，助推经济增长。

在这份报告以及世界银行《可持续增长和包容性发展战略》的报告中进一步说明，那些自然资源丰富的国家是因为存在资源开采合同不完备，矿业权的出售价格不合理，对资源所得征税太少，以及对资源所得的挥霍浪费等管理漏洞和问题，才被称为"荷兰病"或"资源诅咒"的。

在大多数国家，自然资源为公共所有或受国家管制。原因是自然资源的资本品的属性是天然形成的，并不是由某个个人通过自身的努力所创造的。既然矿产资源是可耗竭的，那么只有把资源收入归到为耗竭的社会经济承受负担的政府这一层次上，才是公平的；只有当提供基础设施和为环境损失方面承担开采代价的人得到补偿或相应利益回报时，公平才能体现出来。这就需要政府采取积极的措施来有效地管理资源经济，控制矿产资源价格，使资源初级产品的价格与制成品或应用产品价格变化相对应、相一致，并保持相对稳定；同时，为资源地提供足够的资金用以发展其他产业，以彻底摆脱"荷兰病"或"资源诅咒"，使地区发展可持续。

2.2 资源耗竭性理论

资源的不可再生性是资源耗竭性理论的基础。资源耗竭性理论认为，资源储量是有限的，随着资源的开采利用，其储量不断下降，这就会影响到后代人对资源的使用。因此，必须想办法对资源进行补偿，从而保证后代人对资源的使用。具体而言，资源耗竭性理论所强调的补偿，实质上是资源配置与利益共享的跨期组合问题。它要求当代人在追求个人利益最大化的同时，还要充分考虑后代人对资源的使用，使代内资源优化配置与代际资源优化配置实现平衡。具体平衡办法就是当代人对资源使用进行补偿，避免生态恶化与资源枯竭。

资源耗竭性理论的本质要求就是当代人对资源进行补偿，这种"补偿"突出表现为三点：第一，当代人必须强调资源的集约开采与利用，尽量减少资源的浪费和损失，从而达到资源的代内使用效率和代际配置效率的最高水平；第二，当代人要对资源使用进行价值补偿，就是从资源价值增值收入中提取一定比例，专门用于发现新资源来替代旧资源，通过资源替代的方式来满足后代人的资源需求；第三，除了资源替代之外，还可以进行科学技术创新，通过提高科学技术水平来强化资源的高效使用，使单位资源能够释放出更多的价值。

2.3 资源生态环境价值理论

2.3.1 稀缺性理论

稀缺性理论认为价值源于稀缺，只有稀缺的东西才会具有经济学意义上的价值，才会在市场中有价格。诸如空气、阳光等具有很高的使用价值和效用的物品，由于其是取之不尽、用之不竭的，不具备稀缺性，故而稀缺性理论认为其没有价值。由此可见，稀缺性是价值存在的基础，也是市场价格形成的根本条件。当然，资源生态环境的稀缺性又是一个相对的概念，在某个地区或某一时期稀缺的资源，在另一个地区和时期可能并不缺少，这就可能导致同样的资源却有着不同的价值量，由此可见，资源价值量的大小与其稀缺性呈正比，即资源越稀缺，其价值量也就越高。综上所述，资源的价值首先要体现为其稀缺性，资源价值的大小也是其在不同地区、不同时间稀缺性的具体表现。

资源生态环境具有稀缺性，且随着人类的开采和使用而不断地减少，相应地也就衍生出价值。具体而言，资源生态环境有可再生与不可再生之分。就可再生的资源生态环境而言，尽管其能够循环往复使用，但过度的、无序的开采使用，也会导致其不可再生；就不可再生的资源生态环境而言，其本身的不可再生属性就决定该类资源的有限性和稀缺性。可以说，不论是可再生的资源生态环境，还是不可再生的资源生态环境，其本质上都具有有限性，不可能永无止境、永无条件地使用，故而稀缺性是资源生态环境的本质特征与属性。基于稀缺性理论，资源生态环境的有限性和稀缺性，决定了其具有价值。

2.3.2 生态环境价值理论

长期以来，生态环境无价的观念一直根植于人们的思维之中，并影响着社会经济政策的制定与实施。但是，生态环境无价观念所导致的资源过度开发，进而导致生态破坏与环境恶化，迫使人们逐渐认识到生态环境的价值。在此背景下，生态环境价值理论逐步发展成为一个成熟的理论体系，并成为生态系统市场价值、生态补偿机制等理论的基础。从已有的研究成果看，生态环境价值理论主要得益于生态系统服务功能的发现，其中生态系统服务功能指的是人们从生态系统中所享受到的收益。根据生态环境价值理论，生态环境系统可以向人类提供各种服务产品，不仅包括各种直接产品，还包括生态调节、文化休闲等多种其他服务。由此可见，生态环境是一个复杂的系统，这就要求人们在使用生态环境时，一方面要充分考虑自己的实际需求，另一方面要充分顾及生态环境的内在系统价值。

2.4 外部性理论

外部性是福利经济学的一个核心范畴，也是市场经济中政府干预经济的理论依据之一。外部性是一个广泛的概念，它涵盖了很多市场失灵的情况。❶外部性的定义最早由庇古给出，他认为某一个人在从事某一经济活动的同时，会给其他人的福利产生了正面或负面的影响，但这个人却不会因此而支付任何成本或享受任何收益。其中，如果给他人造成的是正面影响，说明该行为具有外部经济，即正外部性；如果给他人造成的是负面影响，说明该行为具有外部不经济，即负外部性。庇古认为，在经济活动中，如果某个厂商给其他厂商或整个社会造成了损失但不需要付出代价，那就是不经济，这时厂商的边际私人成本小于边际社会成本。当出现这种情况而市场又不能解决时，就是市场失灵，需要政府进行干预。在存在市场失灵的情况下，依靠自由竞争机制是不能达到社会福利最大化的，故而需要政府采取适当的经济政策进行干预。政府可以采取的经济政策主要有两种：一种是对边际私人收益小于边际社会收益的部门实行奖励和津贴，即存在外部经济效应时给予企业补贴；另一种是对边际私人成本小于边际社会成本的部门实施征税。庇古认为，通过这两种方式，可以实现外部效应的内部化。❷

作为生态环境经济学的基础理论之一，外部性理论是制定相关生态环境经济政策的重要依据。生态环境的外部性主要体现在生产和消费两个方面：在生产方面，主要表现为生态环境保护所产生的外部经济性；在消费方面，主要表现为生态环境的利益和破坏过程中所产生的外部不经济。应该说，正是在生态环境的生产和消费过程中，没有将相应的成本效益凸现出来，才使得生态环境破坏变成可以收益但不遭受处罚的行为，结果就是生态环境保护领域无法实现帕累托最优化。

2.5 公共物品理论

"公共物品（public goods）指的是那些在消费上具有非竞争性和非

❶ 汤姆·泰坦伯格.环境与自然资源经济学［M］.5版.北京：经济科学出版社，2003：78.
❷ 刘灿等.我国自然资源产权制度构建研究［M］.成都：西南财经大学出版社，2009：49.

排他性的物品。"❶ 由此可见，公共物品有两大特征，即非竞争性与非排他性。应该说，正是这两大特性使得公共物品可以不用支付任何成本就能够被人免费享用，基于此，就产生了"搭便车"问题，具体表现为总是意图让其他人提供公共物品，然后自己无偿使用。与公共物品相对的一个概念是"公共资源（common resources）"，这是没有排他性却有竞争性的物品，如鱼塘、牧场等，这些公共资源的共同特点就是消费上具有竞争性，但不能排他性地使用。对于公共资源来说，其最容易引致的问题就是"公地悲剧"❷问题，即如果一种资源无法有效地排他，那么就会导致这种资源的过度使用，最终导致全体成员的利益受损。

生态环境在大多数情况下都属于公共物品的范畴，具体表现为社会中的每一个人都可以不付出任何成本代价而使用生态环境。基于这种免费的特征，生态环境的过度使用就难以避免，但生态环境的承受能力是有限的，一旦超过一定限度，使用的结果就是生态恶化与环境破坏。由此可见，生态环境的公共属性与个体行为的不理性，决定了"公地悲剧"现象难以避免。为解决"公地悲剧"的问题，要求建立资源生态环境补偿机制来约束个人行为，从而将负外部性内部化。

2.6 产业集群理论

产业集群是一种介于市场和企业之间的中间组织，它是产业发展演化过程中的一种地缘现象，也就是某个领域内相互关联（竞争、互补）的企业与机构集中在一定的地域内，从而形成具有完整的上、中、下游结构，健全的外围支持产业体系，灵活机动等特性的有机体系。产业集群是企业之间以及企业与其他机构之间通过博弈形成的合作关系，这种关系不但有利于规模经济的获得，而且也有利于互动式学习过程的进行，能够

❶　Ostrom E. Governing and Commons: The Evolution of Institutions for Collective Action ［M］. New York: Cambridge University Press，1990：79.

❷　Garrett Hardin.The Tragedy of the Commons ［J］.Science，1968，162：1243–1248.

加速集群内企业创新过程的实现。

2.6.1 产业集群理论的形成

马歇尔（1920）在把经济规模划分为外部规模经济和内部规模经济两类的基础上，通过研究认为外部规模经济与产业集群之间的关系密切，产业集群由外部规模经济所致。他还用随产业规模扩大而引起的知识量增加和技术信息传播来说明产业集群这种现象。克鲁格曼（1991）认为劳动市场共享、专业化附属行业的创造和技术外溢是马歇尔关于产业集群理论的三个关键因素。

工业区位理论的创立者阿尔弗雷德·韦伯从微观企业的区位选择角度来解释产业集群现象。韦伯把产业集群归结为技术设备的发展、劳动力组织的发展、市场化因素和经常性开支成本四个方面的因素。

迈克尔·波特在其论著《国家竞争优势》一书中提出了国家竞争优势的"钻石模型"。在他的竞争优势理论中指出，国家竞争优势获得的关键是产业的竞争，可通过提高区域企业的生产率、指明创新方向并提高创新速率、促进新企业的建立来提升区域内产业的竞争力，从而形成和扩大有竞争力的产业集群。

郑亚莉等（2004）指出，产业集群经济增长导致了资源过度消耗、环境污染、生态破坏等负外部性的产生，背离了经济增长的初衷，因此需要构建产业集群循环经济的发展模式，推进产业集群清洁生产与生态工业园建设。

郑健壮（2005）认为，产业集群通过利用自身的特殊组织来实现资源集聚、组织内企业间的分工合作以及知识技术的共享，进而推动组织自身的发展。

2.6.2 产业集群规模

产业集群发展的量变是规模的扩张，任何事物都是质和量的统一。任何产业集群都是建立在一定的规模基础上的，没有形成一定规模的产业集聚不能称之为产业集群。

赵瑞霞（2005）认为，产业集群规模与其拥有的资源能力联系紧密，这里的资源能力是指产业集群能够有效控制和利用资源总量的能力，它反映了集群利用资源的协同效应的广度和深度。

产业集群规模主要由横向规模和纵向规模构成。❶产业集群的横向规模是指集群内生产相同或相关产品企业数量的多少。集群内的企业既能独立生存，又围绕某个产业紧密结合形成互补，从而使大部分企业都能享有更加广阔的发展空间。产业集群的横向规模主要表现形式是龙头企业与专业化配套企业的协作。集群内研发机构与生产企业优势互补，科研院所提供科研成果，生产企业进行产品和市场开发等，实现了互惠互利、共同促进。同行业企业在一个地区的集聚，同时驱动了与集聚行业相关投入品市场的形成，企业为取得所需的各种投入品的成本大大降低；集群所在地成为行业的信息中心，企业能够较为容易地从当地获取行业的最新市场动态，搜寻成本也大为降低。产业集群的纵向规模与产业集群内部所包含的产业链长短有关。尚利强（2006）认为集群纵向规模扩大的过程实际上是产业纵向分工细化、深化和专业化的过程。

产业集群的实质是产业链上的互补和同类企业的共生。其互补性表现为产业链上、下游关联，呈现出明显的产品或部门间的投入产出联系；其共生性多表现为具有产品差异性的多个同类企业的竞争，促进了支撑服务产业的诞生与发展。❷

2.7 循环经济理论

循环经济，也被称为资源循环型经济，就是以高效利用和循环利用资源为目标，以"减量化、再利用、资源化"为原则，形成以物质闭路循环和能量梯次使用的特征，是一种按照自然生态系统的物质循环和能量流

❶ 郑健壮.产业集群、循环经济与可持续发展［M］.上海：三联书店，2009：12.
❷ 郑健壮.产业集群、循环经济与可持续发展［M］.上海：三联书店，2009：90.

动的方式运行的经济模式。循环经济的核心是资源的节约和循环利用，追求最大限度地提高资源的使用效率，以达到节约资源、提高效率、减少环境污染的结果。

2.7.1 循环经济理论的形成

20世纪60年代出现了早期循环经济思想，首先提出这一理论的是美国经济学家鲍尔丁（K.Boulding），他认为：地球就像在太空中飞行的宇宙飞船，要靠消耗自身有限的资源而生存，如果对资源不合理开发而造成环境破坏，就会像宇宙飞船那样终究走向毁灭。人们又把这一理论称为"宇宙飞船"理论。"宇宙飞船经济"要求人们形成新的发展观：一是由"增长型"经济转变为"储备型"经济；二是由"消耗型经济"转变为休养生息的经济；三是由追求生产量的经济转变为追求福利量的经济；四是构建不会使资源枯竭、环境污染、生态破坏并且可回收利用各种物资的"循环式"的经济。

自20世纪90年代开始，兴起了环境革命和可持续发展战略思潮，人们把清洁生产、综合利用资源、生态设计和可持续消费等观念融为一体，通过生态型的工业园区的建立，以期实现经济稳定增长、资源永续利用、生态健全发展、环境友好的新的经济增长方式，进而使循环经济的发展思想逐渐形成。

我国是从20世纪90年代末起开始引入循环经济思想的，对循环经济理论的研究和实践也由此而不断深入：在1998年引入了德国循环经济概念，并确立了"3R"原则的中心地位；1999年对循环经济发展模式从可持续生产的角度进行了整合；2002年从新兴工业化的角度认识循环经济的发展意义；2003将循环经济融入科学发展观，确立了物质减量化的发展战略；2004年，从不同的空间规模，包括城市、区域、国家层面提出大力发展循环经济。

2.7.2 循环经济的三个原则

人类社会经济发展的演进是沿着粗放（资源低效率地使用，实质是更广泛地开发利用资源的经济）→集约（资源高效率地使用，实质是高效率地生产财富的经济）→循环经济（资源节约使用和循环利用，实质是生态经济）路径展开的，循环经济是一种更高级的经济发展模式。

循环经济是建立在"减量化、再利用、资源化"基础上的、具有其特有运行规律和特征的一种经济发展模式（见图 2–1）。

减量化原则属于输入端方法，也就是减少生产和消费过程中的资源消耗和废弃物、污染物的排放，以资源投入最小化为目标，以提高资源利用率为核心，从源头上节约利用资源并尽可能减少污染物的排放。

再利用原则属于过程性方法，也被称为反复利用原则，要求尽可能多次以及采用多种方式使用生产或消费所需的物品，其强调的重点是重复利用如包装物类的产品。

资源化原则是一种输出端方法，要求尽可能地通过对废弃物的再加工处理，使之变成新的产品再次进入市场或生产过程，废弃物的再加工处理可以减少资源使用。

以上三个原则是按照输入端、产品消费过程、输出端的优先顺序而逐步实现的。

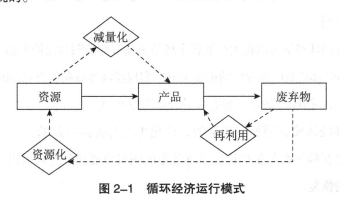

图 2–1　循环经济运行模式

2.7.3 循环经济是一种有效的经济发展模式

2.7.3.1 循环经济的实施符合市场机制要求

循环经济学理论也是基于"稀缺"和"效率"的前提，对传统经济学理论加以完善，将生态环境这一经济活动的外部制约因素提升为稀缺的内部生产要素，并将经济活动的中心由单纯追求经济效率扩展到同时追求生态效率。循环经济的企业行为目标与传统市场经济不同的是：成本最小和效益最大的目标中包含了减少资源消耗和实现生态效益最大等因素，要求企业在实现经济效益最大化的同时实现生态环境效益的最大化。

2.7.3.2 循环经济有利于消除外部不经济

在传统的市场经济体制下，企业的经济效益和生态效益之间往往存在矛盾，企业与社会的经济行为都是追求利润最大化，在生态效益和经济效益产生冲突时，鼓励企业选择放弃生态效益去追求经济效益的制度设计，导致外部负效应产生。出现这种现象的根本原因是存在市场失灵，包括市场机制本身的问题和市场不完善的问题，按照现代经济学的观点，在存在市场失灵的情况下，需要政府干预，使经济行为的外部性内化。

目前在实践中解决外部不经济主要有三种手段：一是征收税金或罚款，使其支付额外的环境成本，促使厂商治污减排；二是利用行政或法律手段强制要求企业治理污染或减排；三是通过界定环境产权来解决外部负效应问题。

发展循环经济可以在生产的各个环节全面节约资源和保护生态环境，避免因环境外部负效应而发生的市场失灵，实现经济效益和生态效益的统一。

2.7.3.3 循环经济是一种有效的经济发展模式

循环经济模式遵循节约资源、优化生态与提高效益的统一。发展循环经济是在确保企业获得长远经济效益的同时也能使生态环境得到保护和进一步的恢复。

循环经济能够提高资源的利用率，节约资源，最大限度地减少废弃物排放，保护生态环境；通过生产链条的拉长，以培植新的经济增长点，同时可带动节能环保等新型产业的发展，最终有利于调整产业结构，转变经济发展方式，全面实现可持续发展。

2.7.4 适合循环经济发展的企业模式

循环经济的发展需要适合的企业组织形式和一定的企业规模，以利于企业与企业之间所产生的排泄物的循环利用。企业集团和产业集群这两种具体的企业组织形式，更具有企业间合作的稳定性，能够有效克服市场机制的局限性，是协调能力比市场机制更强的、更适宜循环经济发展的产业组织形式。

2.7.4.1 企业集团

建立以大企业为龙头的循环经济产业链条，由龙头企业利用核心资源经营核心产业，保持核心资源和核心产业的稳定发展，并且保证每一个利用和处理排泄物的企业都有收益，保证那些承担较高风险和较高技术应用费用的向下延伸企业获得更高的回报，因为这些产业综合利用和治理上游产业的排泄物，其实是为上游产业节约了污染治理的成本，增加了整个集团的经济和社会效益。

集团内的企业互相参股，成为利益共享和风险共担的共同体，确保了建立在资源互补循环利用基础上的分工更加稳定。集团公司可以在其控股、参股的企业之间生成共生链条，综合循环利用生产排泄物。基于此，企业集团具有发展循环经济的突出的优势。

2.7.4.2 产业集群

产业集群是发展循环经济比较好的企业间网络组织形式。产业集群的主要特点是：①区位禀赋优势和内生比较优势的结合。产业集群往往利用了空间、地理位置等资源禀赋上的优势，同时又利用了集群内企业间分工协作所产生的内生比较优势。可以说，产业集群是一种综合了两种竞争优势的产业组织形式。②竞争与合作共存。一方面集群内部类似于完全竞争的市场结构，使众多的中小企业之间存在着激烈的竞争；另一方面大量的重复性交易活动，使彼此间的信任与承诺得到加强，也成为企业间合作的基础。

矿产资源型产业通过相关但不相同的企业聚集构建循环经济产业链更有利可图。以延长产业链或资源循环利用为目的的矿产资源型产业集群，更加注重相关产业而不是同类产业的集聚，注重企业间合作而不是竞争。

2.8 可持续发展理论

2.8.1 我国传统的可持续发展思想

重视人与自然关系的重要性是可持续发展最本质的含义。人类发展的历程实际上一直是人与自然协调的过程，人类对自然进行改造的历史，其实就是一部环境的保护与破坏相伴随的冲突史。经济效益与生态效益、经济机制与生态机制的和谐是经济发展最理想的状态。

可持续发展的思想在我国源远流长，其突出标志是资源的可持续利用和生态环境的可持续发展。到东周时已有了相当明确的可持续发展目的，人们认识到了经济发展对自然资源开采的依赖，并主张合理而有计划地利用自然资源。春秋时已经产生了保护正在怀孕和产卵的鸟兽鱼鳖以实现永续利用的思想并施行了封山育林的法令；孔子的主张"钓而不纲，弋不射宿"❶，也是为了避免生态资源发生代际供求矛盾；荀子在《王制》中讲道："草木荣华滋硕之时，则斧斤不入山林，不夭其生，不绝其长也。"《礼记·月令》中表达了气候、生态和社会协调发展的思想，"牺牲毋用牝（母兽），禁止伐木，毋覆巢，毋杀孩虫"。管仲也指出，"春政不禁则百长不生，夏政不禁则五谷不成"。

经济效益应该以生态效益为环境基础，而经济效益反过来则是生态

---

❶ 出自《论语·述而》。

效益得以改善的外部条件和社会环境。《淮南子》集中体现了可持续发展思想的内涵："不涸泽而渔，不焚林而猎。"明代理学家朱熹提出的"天人一理，天地万物一体"学说，真正确定了人与自然关系的基本内涵与原则，与我们今天所倡导的人与自然和谐发展的观点相一致。

人类的历史证明，在经济发展的同时往往是以生态环境的破坏为沉重代价，经济发展过度依赖于自然资源和环境的支持，因而对资源的开发利用是不可避免的。但是，在生态效益和经济效益间寻找平衡应该是人类的理性选择，不应采取杀鸡取卵、竭泽而渔的短视行为，因为一旦超越资源环境的承载极限，生态的退化和破坏往往难以恢复。

与天地相参，是我国古代可持续发展思想的核心。在我国，从"道法自然，返璞归真"的庄子自然主义和谐思想，到"尽心知性""与天地参"的孔孟伦理主义和谐思想，一直延续着人与自然平等和谐的"天人合一"的思想，逐渐形成一支重要的思想流派。

相对于人类无止境的需求，资源确是稀缺的。正是资源的这种稀缺性，必须要实现资源的合理配置和可持续供给。资源利用不能超过资源的更新速度，否则，人类就会失去可持续发展的基础，这也正是我国古代可持续发展思想的核心。经济与生态的关系是荣枯与共，因此，对发展的理解应该是人与自然、人与社会之间的持续协调、平等互动的统一过程。

经济的外部负效应是影响经济可持续发展的一个重要原因。当经济活动波及经济体之外时，也就产生了外部效应。而我们所说的外部负效应，从本质上来讲是私人成本的社会化。在我国古代经济发展和社会进步的同时，由于生产力水平和社会意识能力的限制，外部负效应也大量存在，主要表现为自然生态的破坏和经济效益的下降，各个朝代为了解决外部负效应问题也进行了积极的探索和尝试，这些在今天仍然有很重要的借鉴意义。

一是利用法治和财政税收手段解决外部负效应问题，让造成外部不经济者来承担社会成本。我国古代采取的税收方法主要是征收山泽、园林之税（类似于现在的资源税），征收的直接目的是扩大财政收入，客观上也对外部负效应的抑制发挥了积极的作用。据《周礼》记载，西周时便开始了山泽税的征收，以后又开征了矿税和盐税等诸多种类，同时还加强了法律制度的完善和实施。

二是国家垄断经营关系国计民生而民众保护意识又不强的资源类产业。自然资源无论是在奴隶社会还是封建社会，大都为国家所有，在管仲时代之前就有这类规定。西汉时期桑弘羊在各郡设盐铁官署，主持盐铁官营，严禁私人生产，"敢私铸铁器，煮盐者，钛左趾，没入其器物"。北宋虽然对矿课控制比较松，但也一直实行官榷法，规定以元符、绍圣时期的矿课为额由百姓购买，然后申卖于官，禁止民间私自交易。❶ 这样，不仅保证了国家的财政收入，也抑制了因私人盲目、分散开采造成的资源低效率使用、植被破坏和水土流失。

2.8.2 国外可持续发展观的形成

从 20 世纪 60 年代开始，在以高投入、高消耗、高产出和高污染为特征的传统发展模式中，经济增长与资源短缺之间的矛盾凸显，人们开始深刻反思并努力探索一种不危害自然环境和资源基础的经济发展模式，可持续发展观逐步形成。

1972 年，丹尼斯·米都斯等人在《增长的极限》报告中选择人口、工业发展、粮食、不可再生资源和污染作为参数对人类发展问题进行分析，提出了著名的增长极限论。该报告认为，地球上生产粮食的土地、可供开采的资源和自然环境容纳污染的能力都是有限的，难以支持无限制的经济增长。

在 1980 年世界自然保护联盟（IUCN）的文件《世界自然保护战略》中首次出现"可持续发展"这一提法，该文件从生物资源保护的角度提出，"可持续发展强调人类利用生物圈的管理，使生物圈既能满足当代

---

❶ http://www.fanli365.com/fanwen/print.asp?articleid=17091，2011-11-25.

人的最大持续利益，又能保护其后代人需求与欲望的潜力"。

1987 年，在《我们共同的未来》报告中正式提出了"在不牺牲未来几代人需要的情况下，满足我们这代人需要的发展"的可持续发展概念，其可持续发展思想把人们的观念从单纯考虑环境保护和污染治理，提升到必须统一考虑环境保护与人类发展，这是人类对环境问题与发展关系认识的重要飞跃，标志着可持续发展理论的产生。

1992 年 6 月，联合国环境与发展大会又确立了经济与环境可持续发展战略，把可持续发展由理论和概念落实成全球的行动。

可持续发展理论的形成与发展的过程，实质上是人类追求与自然的均衡、和谐的过程。人类在不同的发展阶段、不同的时期对这一目标有着不同的理解，也必然对发展的目标有不同的认识和要求，这也说明可持续发展具有阶段性。

2.8.3 可持续发展的含义

可持续发展的基本概念是人类经济、社会和环境目标的协调一致，是当前发展和长远发展目标的协调一致。要发展就要消耗资源，就会产生废弃物。可持续发展不是对资源和环境的零消耗和零破坏，而是尽可能减少对资源的消耗和避免对环境的破坏，将保护和利用有机结合；它是在确立与自然协调一致的发展目标的基础上，通过科学技术的进一步发展减少资源消耗、加速开发替代资源，加速开发有利于环境和资源保护的新的生产和生活方式，最终实现人类社会的长期和谐发展，实现人类与自然环境的协调共生。

2.8.3.1 可持续发展承认资源和环境具有价值

可持续发展承认资源和环境具有价值，这种价值一方面体现为环境对经济系统的支撑和服务价值，另一方面体现为环境对生命支持系统的不可缺少的存在价值。生产中环境资源的投入和服务应当计入生产成本和产品价格中，并逐步对国民经济核算体系进行修改和完善，"绿化"国民生产总值。为了全面反映自然资源价值，产品价格应全面反映三部分成本❶：①资源开采或获取的成本；②与开采、获取、使用有关的环境成本；③后代人由于当代人的使用而不可能继续利用的效益损失，即用户成本。这些成本加上利税及流通费用的总和作为产品销售价格，由生产者实际上最终由消费者负担。

2.8.3.2 资源的可持续利用和生态环境的改善是可持续发展的基本要求

可持续发展要求实现资源的可持续利用和生态环境的改善，因此可持续发展是以人类赖以生存的资源禀赋为基础，并与生态环境的承载能力相协调。只有充分考虑资源的可耗竭性和环境承载力的有限性，珍惜自然资源，与环境承载能力相协调，人类才有可能获得发展所需的原料和维持基本生存的条件，发展才能可持续。

从生态可持续能力的角度来理解资源和环境的利用是可持续发展的要求。生态持续能力实际上包含两层含义：一是与资源利用有关的自然资源的再生能力和替代速度；二是与废弃物排放有关的自然环境的承载限度。如果超出了环境或生态的承载限度，可持续发展的能力将会受到影响。

资源从生态持续能力的角度来定义，可分为可再生和不可再生两大类。对于可再生资源的利用，应运用资源保育原理，保护和增强资源的再生能力，确保可再生资源的持续利用。许多自然资源是不可再生的，从而决定了它们的持续利用是实现可持续发展的物质基础，应通过加强技术进步和创新，寻找可替代的可再生资源，并运用经济手段提高利用率，加强循环利用，节约不可再生资源的利用，延长其使用寿命，使其利用合理化。

可持续发展要求改变不适当的以牺牲环境为代价的生产和消费方式，

---

❶ 唐本佑.论资源价值的构成理论［J］.中南财经政法大学学报，2004（2）：15-19.

通过清洁生产和环保消费，控制环境污染，改善环境质量，减少人类经济活动对资源的过度消耗和生态环境的干扰。

2.8.3.3 经济发展是可持续发展的核心

可持续发展的核心是经济发展，可持续发展不否定经济增长，而是指经济社会的可持续增长，这是理解可持续发展的前提。人类的生产活动产生了环境问题，其解决的办法也只有依赖于经济的发展。经济发展是促进经济增长、社会物质财富增加、人类文化技术能力提高、个人和社会的选择范围扩大的原动力。

经济发展与生态质量是可以协调并相互支持的，在《欧洲共同体第四次环境行动计划》（1987）中曾指出："若没有经济和社会方面的进步，就不可能有完美的环境政策；……若不充分考虑环境并把它看成是经济与社会发展的基本部分，就不可能有可持续的经济与社会进步。"如果可持续发展失去经济增长这个手段，发展就不可能实现可持续。

可持续发展观反对以经济利润最大化为价值取向、以对资源的掠夺式开发利用和生态环境的严重破坏为代价的传统线性经济发展模式。可持续发展思想提倡通过资源替代、技术进步、结构调整、制度创新等手段，使有限的资源得到充分、合理、高效、循环的利用。可持续发展鼓励高质量和适度均衡的经济增长，以对生态环境损害最小化为前提，以发展的可持续性为特征，以最终改善和提高人类福利水平为目标。

因此，可持续发展就是要使经济增长与社会发展和生态改善有机结合，实现可持续意义上的经济增长。经济发展方式由传统的粗放型转变为集约型，减少单位经济活动造成的资源消耗和环境压力，在整个经济发展过程中控制环境污染和生态破坏。

2.8.3.4 可持续发展既要关注代内公平，更要关注代际公平

可持续发展思想认为，人类不同代之间的发展权是同等的，当代人对后代人应当具有自觉的"类"意识，在实现自我发展的同时，还要把发展的机会留给后代人。可持续发展观要求在经济发展过程中要考虑代际纵

向公平，也即当代人不应该只考虑自己的发展与需求，而不注重资源和生态的保护，对世世代代赖以生存的自然资源和生态环境造成损害，威胁到后代公平利用生存所依赖的资源和环境的权利。因此要自觉考虑各代之间均等地享有发展机会和平等分享资源，任何一代都不能独自支配，都应担负起合理分配资源和占有财富的伦理责任。对代内公平与代际公平的同时关注是可持续发展对发展意义的一种提升。

2.8.3.5 可持续经济发展应在保持固定资本恒定或增加的情况下，使收入最大化

20世纪早期英国经济学家约翰·希克斯（John Hicks），把收入定义为一个人在一个时期内所能消费的最大值，并且在这期间结束时能有与开始时同样好的经济状况；并把可持续发展重新定义为"可持续社会净生产总值"，将其作为一种国民收入可持续的核算方法。可持续的经济增长是指实际人均国民生产总值的持续增长，并且这一增长不受生态自然因素的影响（污染、资源退化）或社会影响。因此对于一个国家来说，可持续发展可以用可持续社会净生产总值来计量。❶

可持续社会净生产总值＝国民净生产总值—用于环境保护方面的

保护性支出—自然成本的耗损　　　①

国民净生产总值＝ GNP —固定资产　　　②

这是对可持续发展很严谨且可操作的定义，但在现实的国民净生产总值核算中，并没有采用这一方法，因为在公式中没有考虑保护性支出和自然成本的损耗。在《亚洲环境质量观测》一书中，也有环境质量监测方面的一些方法，其中包括一个侧重于核算保护性支出的修复成本的方法，即如果破坏了环境，我们应该考虑到修复它的成本，也就是指将其恢复到期望的状态下我们所需要付出的代价。

---

❶ 彼得·P.罗杰斯，卡济·F.贾拉勒，约翰·A.博伊德.可持续发展导论［M］.北京：化学工业出版社，2008：61-92.

2.8.3.6 可持续发展是一个复合系统

可持续发展不仅涉及经济发展和生态环境的保护，还需要社会系统的支持。因此，可持续发展研究的对象是生态、经济和社会的复合系统，必须从系统性的全面视角理解可持续发展。

理解可持续发展不能把经济、社会和生态因素割裂开来，可持续发展把人类赖以生存的局部地区及地球生物圈看作是人和自然、社会的一个复合系统。这个复合系统具体包括生态环境、资源及人口、社会、经济、文化诸因素，这些因素之间互相联系、互相制约、互相作用。如果将可持续发展作为这个系统实现的优化目标，生态环境、资源及人口将是社会、经济及文化发展的制约因素。从这个意义上来说，实现可持续发展是一个复杂而巨大的系统工程，需要科学技术进步的支持、市场机制的作用、公众可持续发展意识的提高、全社会的参与、国家政策的宏观调控和管理。❶

2.8.3.7 技术创新是实现可持续发展的保证

人类的发展过程实际上是一个利用科学技术不断将资源转变为人类发展所需要的生产和生活资料的过程，是一个认识自然和改造自然的过程。只要拥有更充足的认识和改造自然的技术和能力，不仅可以提高已发现资源的利用率，而且增加了发现更多替代资源的可能性，从而免受资源稀缺的困扰，实现可持续发展。

2.8.3.8 可持续发展具有长期公共品的特性 ❷

按照经济学的划分，物品根据消费上的排他性和生产上的竞争性可分为四类：具有排他性和竞争性的私人物品；无排他性和无竞争性的公共品；有排他性而无竞争性的自然垄断物品；无排他性而有竞争性的公共资源。可持续发展追求全球性和久远性利益的特征，要求其必须维护支撑人类社会发展的自然资源与生态环境系统的可持续性，而且这种可持续性

---

❶ 杨嵘，李俊亭，齐仲锋，等.中国油气资源产业可持续发展研究 [M].北京：中国社会科学出版社，2012：73-80.

❷ 孔令锋.可持续发展的政治经济学分析——基于市场与政府的视角 [M].上海：上海财经大学出版社，2008：13-15.

要足够长远。从这一特性上说，可持续发展要持续性地提供更多、更广泛的公共品，因此其发展取向带有更加明显的公共性和长期性。

经济学早已证明，公共品消费非常容易出现"搭便车"的现象，缺乏私人生产激励，不可能由私人来提供。因此，公共性与长期性的利益取向以及提供大量持久公共品的特点，使得只能靠政府引导和推动才能够实现可持续发展。换言之，政府应在可持续发展中发挥主导性作用。❶

2.8.4 可持续发展的原则

2.8.4.1 需求原则

需求原则即指可持续发展以满足人类的需求为其所追求的目标。这种需求既包括短期需求，也包括长期乃至世世代代的需求；既包括物质、文化需求，也包括生态环境需求。

2.8.4.2 公平性原则

本书所指的公平包括代内公平和代际公平，是当代人在满足需求的过程中，一方面要考虑同代人关系的横向公平性，无论富人还是穷人都应享有同等的发展和更好生活的权利；另一方面也要考虑代际纵向公平性。人类对地球自然资源享有同等的发展和公平利用的权利。

2.8.4.3 可持续性原则

人类经济和社会发展不能超越资源和环境的承载能力。人类的生存与发展不能脱离开资源与环境，它是人类赖以生存和发展的基础条件。人类可持续发展的首要条件是资源的可持续利用和生态系统的可持续性保持。人们要按照可持续发展的要求对自己的生活方式进行调整，自己消耗标准的确定应该控制在生态允许的范围之内。这也从另一个侧面反映了可持续发展的公平性原则。❷

---

❶ 孔令锋，黄乾.科学发展观视角下的中国可持续发展阶段性与政府作用［J］.社会科学研究，2007（2）：34-37.
❷ 赵景柱.持续发展理论［J］.生态经济，1991（2）：6-10.

2.8.5 发展循环经济是实现可持续发展的有效途径

发展问题、资源问题和环境问题可以被视作可持续发展中的重要问题。经济发展与资源、环境之间的矛盾也是影响人类发展的基本因素。满足需求的企望、对利益的追求是推动人类发展的根本力量，同时也是目前面临发展困境，无法彻底解决资源、环境问题的根本原因。从人类活动的结果及其对发展的影响看，目前我们已经认识到人类的活动不仅可以产生经济效益，还会产生社会效益和生态效益，但从本质上看，经济效益才是核心，兼顾社会效益和生态效益在更大程度上只是为了获取和满足长期经济利益。因此，探寻可持续发展的实现途径，不能脱离对可持续发展中的经济利益矛盾的分析。

2.8.5.1 循环经济思想与可持续发展观有共同的内涵

发展是可持续发展战略的前提，可持续发展的核心是发展具有"可持续性"。在推动经济发展时，必须考虑经济发展是否对社会发展、资源合理利用和生态环境保护有利。可持续发展就是要求经济发展与自然生态和谐并行，走生产发展、生活富裕、生态良好的文明科学发展道路。如果把经济发展建立在掠夺性开采资源、随意破坏环境等以环境和生态的破坏为代价的基础之上，那么，资源将难以为继，环境亦不堪重负，经济也必将不可持续。

可持续发展关注发展过程中的环境与资源问题，循环经济与可持续发展的着眼点是相同的，两者没有本质的区别。循环经济要求经济活动节约资源、最小排放、资源最大化循环利用，最终目的也是保护环境、实现可持续发展。循环经济的发展模式是可持续发展的一个具体实践。

循环经济思想与可持续发展观有共同的内涵：二者立论的依据都是资源、能源的有限性和环境承载能力的有限性；二者的理想目标都是经济效益、环境效益和社会效益；二者都遵循生态发展的规律，强调人与自然环境的和谐共存。

2.8.5.2 发展循环经济是可持续发展可采用的现实路径

循环经济理论与可持续发展理论最大的差别在于其实现途径。世界上绝大多数国家认可可持续发展理论，也都认识到了实现可持续发展的重大意义，但缺乏有效的具体实现途径，因此在执行上存在很大的困难。从这个角度看可持续发展理论是一种理想观念，它的实现依靠外在动力，而缺少内在动力。而循环经济找到了一条实现发展、资源、生态三维整合的有效途径，是一种目标与方法相融合的理论。循环经济的方法具有独特的内在动力机制。

第一，严格控制资源消耗规模，具体可从节约资源消耗量、提高资源综合利用效率和控制人口规模等方面着手。

第二，提高资源的持续供应能力，对于不可再生的矿产资源来说，其供应能力是由储量决定的，在可预见的期限内，其供应能力是固定的，不可改变。但随着技术的进步、勘探开采能力的不断提高，人们可以发现并开采技术要求更高的资源及可替代资源，从这个角度来看，资源的供给能力也是可以增加和改变的。

第三，废弃物的减量排放和有效回收利用，通过技术工艺改进，一方面可以减少废弃物的随意排放，减轻环境污染和生态破坏；另一方面可以增强和促进废弃物的回收利用。

2.9 本章小结

本章选择了资源经济理论、资源耗竭性理论、资源生态价值理论、外部性理论、公共物品理论、产业集群理论、可持续发展理论等相关理论，作为支持我国稀土产业可持续发展的财税政策理论支撑。

资源经济理论表明：资源丰富的国家或地区，由于对资源的过分依赖，容易遭受"资源诅咒"，出现"荷兰病"现象。保持经济可持续发展的关键是对经济发展路径进行正确的选择。在资源开发行业进行产业链延伸、制度设计、产权界定、完整的价格机制形成、资源收入的科学分配等是破解"资源诅咒"的非常重要和有效的手段。

资源耗竭性理论认为：资源储量是有限的，随着资源的开采利用，其储量不断下降，这就会影响到后代人对资源的使用。因此，必须想办法对资源进行补偿，从而保证后代人对资源的使用。

生态环境价值理论认为：生态环境系统可以向人类提供各种服务产品，不仅包括各种直接产品，还包括生态调节、文化休闲等多种其他服务。由此可见，生态环境是一个复杂的系统，这就要求人们在使用生态环境时，一方面要充分考虑自己的实际需求，另一方面要充分顾及生态环境的内在系统价值。

外部性理论认为：在生态环境的生产和消费过程中，没有将相应的成本效益凸现出来，使得生态环境破坏变成可以收益但不遭受处罚的行为，结果就是生态环境保护领域无法实现帕累托最优化。

公共物品理论认为：生态环境的公共属性与个体行为的不理性，决定了"公地悲剧"现象难以避免。为解决"公地悲剧"的问题，要求建立资源生态环境补偿机制来约束个人行为，从而将负外部性内部化。

产业集群理论认为：企业之间以及企业与其他机构之间通过博弈形成合作关系的产业集群，有利于规模经济的获得、集群内污染物的集中处理、循环经济的发展；而且也有利于互动式学习过程的进行，能够加速集群内企业创新过程的实现。

循环经济理论表明：以"减量化、再利用、资源化"为原则，发展循环经济，按照自然生态系统的物质循环和能量流动的方式运行，可以实现资源的节约高效利用和循环利用。采用循环经济的发展模式，可以最大限度地提高资源的使用效率，达到节约资源、提高效率、减少环境污染的结果。

可持续发展理论认为：可持续发展的核心是实现"可持续性"的发展，也即在推动经济发展时，必须考虑经济发展是否对社会发展、资源合理利用和生态环境保护有利。可持续发展是在确立与自然协调一致的发展目标的基础上，通过科学技术的进一步发展减少资源消耗，加速开发替代资源，加速开发有利于环境和资源保护的新的生产和生活方式，最终实现人类社会的长期和谐发展，实现人类与自然环境的协调共生。发展循环经济是可持续发展可采用的现实路径。

3 我国稀土产业发展现状及可持续发展的路径选择

我国稀土资源丰富，从 1927 年发现稀土资源并于 1957 年开始集中生产，到 2008 年我国稀土产量占世界总产量超过 90%，稀土产业发展迅速。稀土产业属于资源、技术和战略型产业，对于一个国家经济发展、技术进步、国防安全都具有重要意义。本章对我国稀土资源的特征、稀土产业的界定、稀土产品生产工艺流程、稀土产品分类和特征进行介绍和分析，通过对我国稀土产业发展现状的分析、稀土产业相关政策总结和国外发展战略对比，论述了稀土产业可持续发展的必要性，并进一步对稀土产业可持续发展的界定、路径选择和政策框架进行了阐述。

3.1 我国稀土矿产资源的主要特征

稀土是新材料的宝库，不仅应用于许多传统产业，而且近几年在高新技术领域也有了越来越广泛的应用。稀土对于发展新能源、新材料、节能环保、航空航天、电子信息及国防尖端技术是不可或缺的战略资源。在各种液晶显示屏、节能灯、LED、混合动力汽车、风力发电机、航空航天、激光制导、雷达、核磁共振成像仪等产品或产业上，稀土的作用越来越大。从生产光纤电缆到导航系统，全世界依赖稀土资源的产业，其总价值高达 4.6 万亿美元。❶

稀土产业是我国具有比较优势的、关系到国家经济安全和国防安全

---

❶ 倪平鹏，蒙运兵，杨斌.我国稀土资源开采利用现状及保护性开发战略 [J].宏观经济研究，2010（10）：13–20.

的特色产业。我国在稀土资源储量以及稀土年产量、年消费量和年出口量上都居世界第一位。我国生产的单一高纯稀土已占世界总产量的90%，但即使如此我国也没有能够掌握世界稀土的定价权。我国稀土应用产品包括稀土功能材料和器件的研究与世界先进水平还有较大差距。我国虽然是世界上的稀土大国，但并非稀土强国。

3.1.1 稀土资源优势已经不是很明显，品位也不具备优势

现有勘探表明，全球29个国家和地区都拥有稀土资源，但主要集中在几个国家和地区。根据2009年国土资源部对稀土资源的普查结果，我国稀土基础储量已减少到1 859.1万吨，而不是美国地质调查局公布的3 600万吨，结合2009年美国地质调查局调查的世界其他国家稀土储量统计数据：2009年世界稀土资源蕴藏量约8 109万吨，其中，中国占23%，独联体国家占23%，美国占16%，澳大利亚占7%，印度占4%，其他国家和地区占27%（见图3–1）。❶ 我国稀土资源优势已经不是很明显。

2009年世界稀土资源储量分布（万吨）

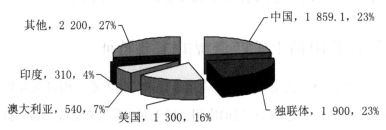

图3–1 世界稀土资源储量分布（REO，%）

从稀土矿品位角度来看，澳大利亚居最高，其次是俄罗斯，然后是美国和巴西，中国只居第五。澳大利亚韦尔德山稀土矿不仅储量大、可综合利用元素多，而且头等矿的平均最高品位可达14.8%。我国众多稀土矿中只有四川牦牛坪矿区个别矿脉局部有达到10%品位的，白云鄂博东矿平均品位仅为5.6%～6.2%，西矿平均品位只有1.14%（见表3–1）。❷

---

❶ 马荣璋.中国稀土行业现状及展望［J］.中国科技产业，2012（08）：4–8.

❷ 周浩，张蓬.我国稀土资源概况及其可持续发展浅析［J］.资源与产业，2011（05）：95–100.

表 3-1　国外主要稀土矿产资源情况

矿床名称	矿石储量 /万吨	REO 品位	金属量 /万吨	稀土类型	稀土矿物	现状
美国芒廷帕司（Mountain Pass）	5 000	8%～9%	430	轻稀土	氟碳铈矿	矿山停止开采，但分离厂使用库存在生产
美国贝诺杰（Bear Lodge）	980	4.1%	36	轻稀土	氟碳铈矿、氟磷钙铈矿	预可行性研究
加拿大托儿湖（Thor Lake）	6 500	2.0%	133	轻、重稀土	褐钇铌矿、独居石、氟碳铈矿、褐帘石	预可行性研究
加拿大霍益达斯湖（Hoidas Lake）	152	2.3%	3.5	轻稀土	磷灰石、褐帘石	可行性研究
澳大利亚韦尔德山（Mt Weld）	770	11.9%	92	轻稀土	假象独居石	开发中
澳大利亚诺兰（Nolans）	30 000	2.8%	85	轻稀土	独居石、磷灰石	可行性研究

资料来源：胡朋. 国外稀土资源开发与利用现状 [J].世界有色金属，2009（9）.

3.1.2 稀土资源分布广，南北相对集中

我国稀土矿床在地域上具有面广且又相对集中的特点。全国有 22 个省区发现了矿床、矿点和矿化产地，但主要集中在内蒙古、四川、山东以及江西等省区。内蒙古包头的白云鄂博、江西的赣南、广东的粤北、四川的凉山为稀土资源集中分布区，集中了全国 98% 的稀土资源分布量；山东、湖南、广西等省区也发现了稀土矿床，但资源量相对富集区要少得多。北方以轻稀土为主，南方以重稀土为主。矿床的集中分布，便于保护性开发和集中管理。如果不考虑生态环境保护，开采技术较为简单，对于小企业散、乱开采不容易控制。

3.1.3 矿种齐全且拥有世界罕见的离子矿

中国稀土矿床中含有稀土元素种类较为齐全，世界上主要稀土矿种在我国都有发现，主要为氟碳铈矿、独居石矿和离子型稀土矿。特别是离子型稀土矿为世界所罕见，它含有各种高新技术新材料应用中急需的中、重元素，而且含量均高出国外类似工业矿物含量的 4 ～ 20 倍。

3.1.4 共伴生矿多，综合利用难度高、价值大

我国已发现的主要稀土矿床，大多与多种金属或非金属矿物共生，在现已开采的矿山中，共伴生矿占 70% 左右，许多稀土矿床均为稀土与铌、稀土与铁、稀土与磷、稀土与其他稀有金属或非金属等的共伴生矿床，综合开采难度大。除储量大以外，各种有用组分含量都比较高，有较高的综合利用价值，如果在开采主元素的同时回收利用与之伴生的有益元素，可以降低单位矿产品的开采成本，提高经济效益。

3.2 稀土产业概述

为了增加稀土产业可持续发展财税政策研究的针对性和实效性，我们要对稀土产业进行全面的认识。稀土产业本身是一个包含因素众多、具有一定层次结构的复杂系统，而可持续发展所涵盖的范围又很广，因而需要对稀土产业的含义、稀土产品生产工艺流程、稀土产品的分类及应用的主要特征进行简要的介绍和分析，结合稀土产业生产的特点和规律，来构建产业可持续发展的财税政策体系。

3.2.1 稀土产业的含义

从产业角度看，稀土产业的形成是以稀土资源的有效获取为依托；稀土产业优化与升级应是以稀土资源特色和优势的充分实现为基础；稀土产业效益的增长应以稀土资源价值的充分挖掘和运用为内涵；稀土产业技术改造应首先着眼于稀土资源开发与应用技术的创新。稀土产业的发展不

能离开稀土资源这个基础，应围绕资源的开发、冶炼、分离和应用来进行。

从产业组织角度看，稀土产业是指与稀土相关的产业，包括稀土的勘探、开采、选矿、冶炼分离以及稀土新材料生产和稀土应用的企业集合。对于稀土新材料和稀土应用的确认上应该把握两个标准（目前存在争论）：一是稀土的含量标准，以稀土为主要成分并发挥主要作用的，如各种稀土添加剂、助剂应界定为稀土产业，而使用这些添加剂、助剂生产出的产品，不应界定为稀土产业；二是稀土的性能标准，以利用稀土特有性能而制成，并主要表现这种性能的稀土合金和稀土功能材料，如稀土磁性材料、发光材料、抛光材料、贮氢材料、催化材料等属于稀土产业，而利用稀土只是改进和增加产品原有性能的产品则不应划入稀土产业。❶

稀土产业也可以分为上游、中游和下游，上、中、下游产业链关系密切，具有非常鲜明的产业链结构和产业链的信息传递效应。其中，上游从事的业务包括稀土资源的勘探、开采、冶炼和分离，中游从事的业务主要是稀土材料的生产，下游从事的业务则仅指以表现稀土性能为主的稀土应用，上、中、下游具有很强的相关性（见图 3-2）。

从可持续发展角度看，稀土产业是国家战略性新兴产业，对国家科技进步和创新、国防建设意义重大，因此探索稀土产业可持续发展问题具有深远意义。

3.2.2 稀土生产工艺流程

在自然界中，稀土是以矿物形态存在的，到目前为止已发现的稀土矿物有 200 多种，但具有工业开采价值的很少，现在用得最多的就是氟碳铈矿、独居石矿和离子型稀土矿。从矿物中提取稀土，因矿物不同而采取不同的方法。

---

❶　苏文清. 中国稀土产业经济分析与政策研究［M］. 北京：中国财政经济出版社，2009：97.

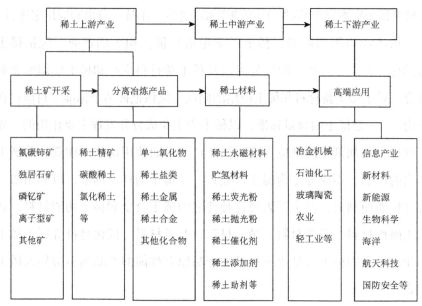

图 3-2 稀土产业链

3.2.2.1 从氟碳铈矿和独居石矿中提取稀土

因为氟碳铈矿和独居石矿中稀土含量比较低，所以首先必须将稀土矿物与杂质分开，得到含 50% ~ 70% 稀土氧化物（REO）的稀土精矿，然后用冶金或化工的方法，将精矿中的稀土矿物分解，再经过一系列纯化工工序，得到较纯的混合稀土氧化物。

如果要得到各种单一的稀土产品，需再将混合稀土用溶剂萃取法、离子交换法等方法进行分离，然后制成单一稀土的各种化合物，通常是制成单一稀土氧化物。

以上得到的混合稀土或单一稀土都是化合物，如要得到混合稀土金属或单一稀土金属，则需要将稀土的碳酸盐、氧化物或氯化物通过熔盐电解法或金属还原法等抽取相应的金属（见图 3-3）。

3.2.2.2 从离子型稀土矿中提取稀土

离子型稀土矿中稀土含量更低，一般只含有 0.1% 左右的 REO，但离子型稀土矿很容易处理，仅用电解质（如氯化钠、硫酸铵等）的水溶液就可以将吸附的稀土转移到溶液中去，然后经过净化，制成混合稀土化

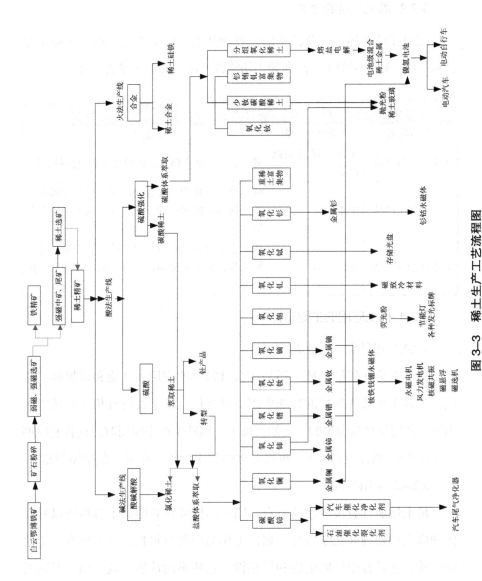

图 3-3　稀土生产工艺流程图

资料来源：苏文清 . 中国稀土产业经济分析与政策研究 [M] . 北京：中国财政经济出版社，2009. （略作修改）

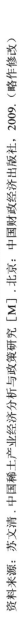

合物。从混合稀土化合物制作单一稀土化合物、单一稀土金属或混合稀土金属，其方法与从氟碳铈矿和独居石矿中提取稀土的生产工艺一样。

3.2.3 稀土产品的分类

按照在整个稀土产业链中的位置和特点，稀土产品可以分为稀土原材料产品、稀土深加工产品和稀土功能性产品三大类（见表3-2）。

表3-2　稀土产品分类表

产品类别	产业链中位置	主要产品
稀土原材料产品	上游产品或初级产品	稀土矿石、稀土精矿、碳酸稀土和氯化稀土等
稀土深加工产品	中游产品	稀土单一氧化物、化合物，混合稀土金属和各种不同纯度的单一稀土金属以及稀土中间合金等
稀土功能性产品	下游产品	稀土永磁材料、贮氢材料、稀土荧光粉、稀土抛光粉、稀土催化剂以及各种稀土添加剂、稀土助剂等

3.2.4 稀土应用的主要特征

3.2.4.1 用量少、功效大

稀土无论在传统领域，还是在新材料中的应用，性能和效果都非常优异，稀土在某些领域的特殊作用不可替代。稀土在所有相关领域中应用时，其用量都是很少的。比如，稀土在钢铁生产中应用时，在普通碳钢中加入0.5%的铈组合稀土，可除去90%以上的硫，有利于改善钢的性能。

3.2.4.2 应用范围广

稀土性能具有多样性的特点，同一结构或体系的稀土材料可以具有两种以上的物理和化学特性。如稀土作为磁制冷材料，除了具有一定的磁性外，还具有很好的塑性和导热性，这些不同性能，被应用于不同的领域，在国家新兴战略性产业中都会直接或者间接使用。现已知含有稀土的功能材料已达60多类，其范围的应用是其他任何传统材料都无法与之相比的，在国民经济的各个领域几乎都有稀土的应用。

3.2.4.3 科技含量高

稀土在应用时，稀土元素、氧化物或化合物不同品种、数量的加入以及不同的加入方法等，都可能带来不同的结果。而且稀土的应用会促进传统产业的升级和产品的更新换代，属于高新技术。

3.2.4.4 对其他产业发展影响深远

材料产业是制造业的重要组成部分，是一个国家发展的支柱产业。材料的发展创新已是各个高新技术领域发展的突破口，稀土已成为高新技术新材料的宝库和主要"发源地"之一。据统计，世界稀土消费总量的70%左右是用于材料方面。美国、日本等发达国家更是把稀土列为发展新技术产业的关键元素和战略储备物资。稀土新材料包括稀土磁性材料、稀土发光材料和激光材料、稀土贮氢材料、稀土催化材料，它们在各个领域的应用能够促进科学技术的快速发展。

3.3 我国稀土产业发展现状及存在的主要问题

我国稀土工业从 20 世纪 70 年代末开始起步，经过 30 多年得到了快速发展。但在快速发展的同时，我国的稀土行业也出现了不少问题，诸如资源过度开发、利用率低、浪费严重、生态环境破坏严重、产业结构不合理、价格严重背离价值、走私时有发生等问题，一直困扰着稀土产业的发展，我国也为此付出了巨大的代价。

3.3.1 稀土的定价机制不合理

我国稀土资源在开发过程中，缺乏合理的定价机制。稀土开采、分离和冶炼如不采取环境保护和生态恢复措施，生产相对容易、成本相当低，再加上稀土资源税费长期偏低，稀土价格没有全面反映资源耗竭、代际补偿、环境治理、生态恢复等的真实成本。不合理的价格形成机制，使我国稀土产品长期在国际市场上低价供应，而环境代价却全部留在国内，稀土出口获得的收益远不足以弥补资源和生态损失。

3.3.2 稀土资源利用率低，浪费严重

我国稀土资源在开采过程中的主体过多、采富弃贫、无证开采等现象普遍存在，导致资源综合利用率低、资源浪费严重。中国南方离子型中、重稀土矿，有工业储量 150 万吨，在世界上非常珍贵，从 1970 年到 2007 年已消耗 90.4 万吨，利用率只有 40%，剩余储量只有 59.6 万吨，如果按现在的开采速度，在 10 年内将被耗尽。北方稀土中的包头白云鄂博主东矿年开采铁矿石 1 000 万吨，含稀土 50 万吨，其中只利用了约 10%，浪费约 10%，其余 80% 进入尾矿坝，现在一半资源已被开采，如果继续现在的速度，只能再开采 25 年。❶包头稀土资源的保护和可持续发展，关系到包头钢铁（集团）有限责任公司 [以下简称包钢（集团）] 的长远发展，如果继续不加限制地开采，我国的稀土资源将会日趋枯竭。

3.3.3 我国稀土出口增长过快，走私严重

有关数据显示，2010 年我国出口稀土 39 813 吨，比原计划高出 9 555 吨。与此同时，稀土走私继续泛滥，据统计，在 2009 年前后不到一年的时间里，我国海关连续破获稀土走私大案，涉案稀土总量上万吨。

近年来，出于保护环境和资源可持续开发的目的，我国在稀土开采和出口等方面采取了必要的管理措施，但却在国外引起很大争议。事实上，与其说我国垄断稀土供应，不如说其他国家在国内稀土行业设置了较高的准入门槛，很少或不愿发展稀土产业。

3.3.4 环保意识薄弱，生态环境破坏严重

稀土在开采环节会对地表植被造成严重破坏；在选冶和分离环节因使用大量化学药剂会造成水土流失和土壤污染、酸化，使得农作物减产甚至绝收；稀土尾矿堆存会对水资源、大气造成污染，另外其中所含的放射性物质危害也极大，给公众的生命健康和生态环境带来重大损失。

---

❶　苏文清. 中国稀土产业经济分析与政策研究 [M]. 北京：中国财政经济出版社，2009：9.

稀土开采后的生态环境恢复与治理，成为一些稀土产区的沉重负担。较低的稀土价格一直没有能够真实反映其价值，资源的稀缺性没有得到合理体现，生态环境损失也没有得到合理补偿。

稀土企业主要是冶炼分离企业，在生产过程中产生的污染物，主要也是工业"三废"，即废气、废水和废渣。其中废气包括：一是含尘气体，在稀土矿采矿、破碎、选矿过程和稀土精矿球团化过程、稀土精矿的碱焙烧过程、稀土火法冶金过程以及稀土中间产品或成品的干燥、粉碎、研磨和包装过程中产生；二是放射性气体，主要是空气中含铀、钍的粉尘以及它们的氡及其子体的气溶胶；三是含毒气体，稀土生产过程中还会产生含有液体颗粒（雾）和杂质气体的有毒气体。产生第三类废气的主要工艺有稀土精矿的酸法焙烧、稀土矿物氯化分解、氯化稀土溶盐电解、湿法冶炼中的各种化学操作过程等，其主要毒物有氟化氢、四氟化硅、二氧化硫、氯气、各种酸碱溶液雾、有机萃取剂及溶剂的蒸汽等。

稀土生产过程中的废水，主要来源于选矿废水、设备和地面冲洗水、废气净化洗涤水、湿法冶炼中的各种废液、冷却水、化验室下水及生活污水等，其有害成分主要是悬浮物、酸、碱、氟化物、天然放射性元素（铀、钍和镭）、各种无机盐和部分有机溶剂等。

稀土生产过程中的废渣，主要是选矿后的尾矿、火法冶炼中的熔炼渣、酸碱分解后的不溶渣、湿法冶炼中的各种沉淀渣、除尘系统的积尘、废水处理后的沉渣。稀土冶炼厂每处理 1 吨稀土精矿所产生各种残渣约 0.5 吨，有的甚至为 2 ～ 4 吨。❶有些残渣带有一定的放射性，一般须送专用渣库堆放。

稀土冶炼采用的方法不同，对环境的污染程度也不同，酸法生产污染较大，碱法生产污染小一些，但碱法生产要求较高品位的稀土精矿。由于我国大多数稀土生产企业规模小，环保意识薄弱，仍沿用落后的生产工艺，环境保护和生态恢复设施建设能力不足，环境污染和生态破坏就更

❶ 苏文清. 中国稀土产业经济分析与政策研究 [M]. 北京：中国财政经济出版社，2009：17.

加严重。

3.3.5 稀土储量占世界已知储量份额下降

我国稀土资源占世界总量从 20 世纪 70 年代的 75%，到 2009 年下降到 23%（见图 3-4）。究其原因，一方面因为我国长期廉价开采、资源浪费造成自身储量减少；另一方面由于近 20 年来澳大利亚、俄罗斯、加拿大、巴西、越南等国家加大了本国稀土勘探和研究，取得新的突破，并发现了一大批大型、超大型稀土矿床，全世界稀土储量增加，而且西方国家出于保护战略资源的目的降低稀土开采量，其稀土资源份额呈现上升趋势。这两大方面原因致使我国稀土资源储量所占份额逐年下降。这也警示我们要不断加大稀土勘探和选冶新技术的研究，同时也要倍加节约和珍惜国家稀土资源。

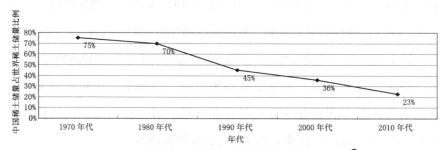

图 3-4 中国稀土储量占世界稀土储量比例变化 ❶

3.3.6 小规模稀土企业多、整合难度大

在我国的稀土企业中，尤其是冶炼分离企业，大多数规模较小，技术和设备落后，更新投入严重不足，这也是我国稀土产品质量不稳定、国际竞争力低的主要原因。

3.3.7 产业结构不合理

稀土从资源开采到高端应用产品的整个产业链中，产品的附加值随着深度加工而呈裂变式增长，稀土材料的价值更多体现在深加工和高端应

---

❶ 肖勇. 稀土产业发展不对称现象探析［J］. 有色金属科学与工程，2012（05）：89-95.

用上。按目前市场情况，稀土精矿、稀土新材料、稀土应用元器件的价格比一般为 1 ： 50 ： 500。❶

我国稀土产业结构不合理，以初级加工产品为主，产业发展水平处于产业低端；深加工尤其是新材料、新应用少，在应用领域缺乏核心专利技术。处于产业上中游的稀土开采、冶炼分离行业存在过度竞争、产能过剩、经济效益低等问题，而经济附加值最高的下游稀土应用产业发展滞后，导致我国稀土产业总体竞争力不高，经济效益低，基本上仍属于稀土原料的供应国的地位。

稀土产业要坚持产品结构的调整，逐步淘汰落后的工艺和设备，并通过联合、重组，进而实现生产要素的合理配置和低成本扩张，实现产业结构的优化和升级；应充分发挥稀土资源优势和分选冶炼技术优势，增加稀土产品的高科技含量；加快组建南北两大稀土公司，通过资本市场整合上、下游企业，加大自主研发和引进吸收稀土高附加值深加工技术的成果转化，特别是加大中高端产品研发，增强企业市场核心竞争力。

3.3.8 稀土应用技术研发滞后，自主知识产权缺乏

在"原矿→精矿→分离产品→功能材料→器件→实用产品"这一稀土产业链上，由前端到后端，经济效益逐渐升高，而对环境的污染或破坏逐渐变小。我国在原矿到分离产品环节拥有国际领先的技术，丰富的资源加上领先的分离技术吸引大批潜在创新者和投资者从事稀土初级产品的生产，挤出资本和人才，使稀土其他行业和应用的技术创新投资减少，形成对资源的过度依赖。我国在稀土应用方面的技术明显滞后，技术含量明显偏低，自主创新能力不足，尤其是稀土新材料及高端应用技术更显落后，具有自主知识产权的成果和产品缺乏，产品的国际竞争力严重不足。

---

❶ 肖勇.稀土产业发展不对称现象探析［J］.有色金属科学与工程，2012（05）：89-95.

3.4 美、英、日等国家稀土资源战略借鉴

3.4.1 在稀土资源开发中利用新技术，提高资源利用率

美国在稀土资源的重新开发中注重采用技术革新，改造稀土生产设计和流程，从而保证稀土资源开发利用率和产品品质的提高。美国联邦政府还运用债务担保等财政政策手段扶持本土的稀土开发公司。德国科学研究所把遥感技术运用到寻找稀土矿藏上来，并联合美国、日本等国家，应用远程遥控技术和设备，在德国及非洲的部分地区进行扫描，用获取的稀土电磁发射数据，来确定稀土矿藏。英国也依靠科技研究的不断进步，用最先进的技术来提炼和利用稀土资源。日本政府也在研究运用补贴等措施支持企业采用新设备以削减稀土使用量。新技术的应用，一方面增加了这些国家和地区的稀土资源探测量，另一方面大大提高了稀土资源利用率，达到减少资源消耗的目的。

3.4.2 延伸稀土产业链，形成完整的稀土工业体系

美国利用技术援助和经济合作的名义，利用新技术和强大的资本实力对全球稀土资源进行控制，不断加大对稀土资源的勘探开发，目标是获取更多的资源。日本政府通过一些半官方组织，向日本企业提供海外稀土矿产资源开发担保资金，贷款比例为70%以上，支持日本企业投资蒙古、印度、越南、哈萨克斯坦、澳大利亚、南非等国家的稀土开发，通过对国外稀土资源的投资与合作开发，确保本国稳定的稀土资源供应和保障。

3.4.3 保持稀土相关技术国际领先

美国、日本等国在稀土资源替代品的研究、海洋稀土资源开发、稀土高端应用等方面的技术一直处于国际领先地位。日本特别注重稀土产业链后端高附加值产品的研发，依靠技术和资本优势控制领先的稀土高技术

从而获取产业链中的巨额利润。美国和日本一直是世界高端稀土产品的出口国。欧盟也投入大量资金用于稀土研究中心和实验室的建设，研究重点是稀土高技术产品的应用和稀土应用中的环境保护方面的科技开发。

3.4.4 实行稀土国家战略储备制度

美国、加拿大和欧洲各国因为我国的低价出口政策，停止开发本国稀土资源，转而采取由政府出资从我国进口加以储备的政策。日本早在1983年就出台了稀有矿产资源战略储备制度，实行官方与民间储备相结合的稀土矿产资源战略储备制度。

3.4.5 注重资源节约和环境保护

随着我国对稀土出口的限制，拥有巨大稀土储量的美国也开始重启本国的稀土生产。但美国人工成本约是我国的8倍，如采用传统方法进行生产在成本上根本不具有竞争优势，因此美国能源公司（Molycorp）将运用更加节能和环保的技术进行生产。其一是综合利用价格低廉的页岩气来有效降低电力等能源费用；其二是生产过程中使用的化学药剂实现自给自足；其三是将在废水处理等方面引进自主开发的新设备，对环境污染进行控制和处理。

3.4.6 从废弃物中回收稀土

美国计划加强从废旧磁铁和荧光灯中回收重稀土的投入，以实现稳定供应。日本掌握了世界上最高水平的废物分类技术并广泛开展废弃稀土回收技术的研究。如松下电器引进了一种可以从废旧家电中提取稀土钕制作磁铁的新装置，将这些磁铁重新用于空调压缩机和洗衣机的马达上；日本三菱材料公司计划于2015年开始从混合动力车中回收稀土磁铁，以降低从外部获取稀土的采购风险，并与本田集团合作，从报废混合动力车中回收废旧镍氢电池，然后再从电池中分解提取稀土。日本经济产业省也计划通过实施扶持政策，向无须使用稀土的零件技术和从废弃家电中回收稀土的技术提供研发补助经费。德国拥有非常发达的废弃物回收业，主要靠从废弃的电路、手机、电脑、磁铁、风力发电机和车辆等物品中回收稀土，并开始限制电子垃圾和废弃汽车出口。

3.5 我国近年稀土政策回顾

针对稀土产业发展中存在的生产无序、出口量高价低以及生态环境破坏等一系列与可持续发展不符的现象，我国近年强化了对稀土行业的专项管控。

3.5.1 配额限制方面

我国政府从 1998 年开始施行针对稀土出口的配额限制，并把稀土原料列入加工贸易禁止类商品目录。从 2005 年到 2012 年，我国政府的稀土出口配额从 65 580 吨（REO）降至 30 996 吨（REO），减少了 52.7%；并从 2012 年起实行按轻稀土和中、重稀土分类对我国稀土出口配额进行管理的办法，2012 年我国轻稀土出口配额 27 122 吨，中、重稀土出口配额 3 874 吨（见表 3–3）。我国工信部在 2009 年底就审议并通过了《2009—2015 年稀土工业发展规划》，明确指出，我国稀土出口配额的总量在未来的 6 年里将控制在 3.5 万吨／年以内，仍然禁止出口初级材料。

表 3–3　近年我国稀土出口配额表

年份	2005	2006	2007	2008	2009	2010	2011	2012
出口配额（REO，吨）	65 580	61 821	59 643	47 001	50 145	30 259	30 184	30 996

资料来源：中国稀土网。

3.5.2 出口关税方面

我国从 1985 年开始实行稀土出口退税制度，到 2005 年取消，逐步从对稀土的出口退税制度转变为出口征税。从 2007 年开始，我国对稀土出口执行征税政策，并在 2008 年调高了中、重稀土的出口关税税率；

2011 年又一次大幅度提高了稀土产品（主要是中、重稀土）的出口关税。从 2003 年开始，稀土冶炼分离产品出口呈下降趋势，且很明显，2012 年比 2003 年下降了 77.8%，而 2011 年价格却比 2003 年上升了 47 倍多（见图 3-5）。在国家稀土管制下，出现了明显的量跌价升的政策效果。

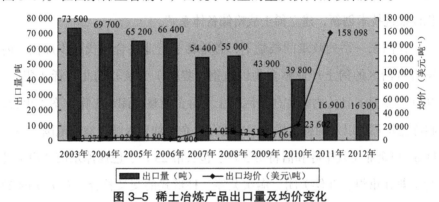

图 3-5 稀土冶炼产品出口量及均价变化

3.5.3 生产方面

2000 年，我国开始对稀土实施开采配额制度；2007 年起开始对稀土生产实行指令性规划，自此稀土开采和生产进入限额时代。国家发展计划委员会在 2002 年发布了《外商投资稀土行业管理暂行规定》，在我国境内禁止外商建立稀土矿山企业，外商举办稀土冶炼、分离项目只允许采取合资、合作的形式不允许独资经营，对于稀土冶炼、分离类项目的审批权，不论投资额大小，一律由国家计委统一审批。但是在稀土深加工、稀土新材料和稀土应用产品项目上鼓励外商投资。2010 年中央集中打击了稀土采矿业的无证勘查开采、超量开采以及越界开采等不法行为，同时收回了稀土探矿权、采矿权审批权限。

3.5.4 企业整合方面

2010 年 5 月，工信部发布了《稀土行业准入条件》和《稀土工业产业发展政策》，这是我国首次从生产规模角度设置稀土准入门槛。国务院在 2010 年 9 月初还正式发布了《关于促进企业兼并重组的意见》，第一次把稀土列入重点行业兼并重组的名单。2011 年 5 月，《国务院关于促进稀土行业持续健康发展的若干意见》提出："国家将用 5 年左右的时间，建立合理开发、有序生产、高效利用、技术先进、集约发展的稀土行业持续健康发展格局。坚持控制总量和优化存量，加快实施大企业大集团战略，积极推进技术创新，建立稀土战略储备体系。"

在国家一系列政策的鼓励下，各地稀土行业整合步伐逐步加快。内蒙古自治区的稀土产业整合为以包钢（集团）为核心的北方稀土集团。2011 年 5 月 4 日《内蒙古自治区稀土上游企业整合淘汰工作方案》出台，将除包钢稀土以外的稀土采选、冶炼分离企业均列入整合淘汰范围，对全区 35 户企业（其中呼和浩特市 5 户、包头市 23 户、巴彦淖尔市 7 户）进行了兼并重组、补偿关闭、淘汰关停三种形式的交叉整合，对关闭的 22 家上游稀土企业包钢稀土已给予补偿。[1]2012 年 12 月 27 日，包钢稀土与内蒙古自治区内 12 家稀土上游企业签署了《稀土上游企业整合重组框架协议》，有 8 家原被列入淘汰企业的被改列入整合名单。2013 年 12 月 31 日，包钢稀土控股股东包钢（集团）在包头市与内蒙古自治区内的 9 家稀土上游企业及股东分别签署了《整合重组协议》，有 3 家企业不再签署正式协议范围，包钢稀土历经一年时间未能完全完成整合计划。内蒙古包钢钢联股份有限公司（以下简称包钢股份）和包钢稀土产业定位无缝对接，形成完备的稀土产业链。包钢股份的发展战略是优化钢铁，突出资源，向资源型企业实施战略转型，同时成为集团上游资源的整合平台；而包钢稀土未来的发展战略是重点发展稀土材料应用，提高稀土新材料性能、扩大中高端领域稀土材料应用范围、提升稀土应用技术水平、增加稀土产品附加值，成为集团稀土资源开发利用的主要整合方。包钢股份和包钢稀土互为稀土产业链上、下游，两家公司分工明确，定位清晰，衔接有序，从上游稀土采选到稀土材料应用，两家公司的业务组合成完备的稀土产业链，为集团未来有效利用资源奠定良好基础。

---

[1] 马荣璋 . 中国稀土行业现状及展望［J］. 中国科技产业，2012（08）：4–8.

其他地区的重组工作也在紧张而有序地进行：四川江铜稀土公司整合四川稀土资源；江西赣州矿业控制江西赣州地区稀土矿山；广东稀土产业以广晟有色金属股份有限公司为核心进行整合；福建厦门钨业整合福建稀土资源，龙岩稀土工业园成立。中国铝业整合江苏 5 家稀土企业和广西稀土资源；中色股份广东 7 000 吨稀土分离项目投产；中国五矿集团公司进入南方稀土。在国家推动下，进行跨地区兼并重组、境外并购和投资合作，基本实现了优势企业的强强联合，提高了产业集中度。

3.5.5 稀土资源税计征改革

自 2011 年 4 月 1 日起，我国稀土矿原矿资源税税额标准进行了统一调整，调整后的税额标准为：轻稀土，包括氟碳铈矿、独居石矿，60 元 / 吨；中、重稀土，包括磷钇矿、离子型稀土矿，30 元 / 吨。

自 2015 年 5 月 1 日起我国实施稀土、钨、钼资源税清费立税、从价计征改革。轻稀土按地区执行不同的适用税率，其中，内蒙古为 11.5%、四川为 9.5%、山东为 7.5%；中、重稀土资源税适用税率为 27%。

3.5.6 稀土生产污染物排放控制

2011 年 2 月，环境保护部发布《稀土工业污染物排放标准》，已于 2011 年 10 月 1 日起实施，这是"十二五"期间环境保护部发布的第一个国家污染物排放标准，标准的制定和实施将提高稀土产业准入门槛，加快转变稀土行业发展方式，推动稀土产业结构调整，促进稀土产业持续健康发展。

3.5.7 稀土新材料发展

稀土新材料的优越性能对稀土下游产业有明显的支撑和保障作用，可以促进下游企业技术创新、产品研发。

2012 年 1 月工信部制定了《新材料产业"十二五"发展规划》，将稀土功能材料发展规划列入其中。规划中提出，"以提高稀土新材料性能、扩大高端领域应用、增加产品附加值为重点，充分发挥我国稀土资源优势，壮大稀土新材料产业规模。大力发展超高性能稀土永磁材料、稀土发光材料，积极开发高比容量、低自放电、长寿命的新型储氢材料，提高研磨抛光材料产品档次，提升现有催化材料性能和制备技术水平"。同时提出力争到 2015 年，部分高性能稀土及稀有金属功能材料生产技术达到世界先进水平，在高新技术产业领域推广应用达到 70% 以上。其实，美国与欧盟等对我国限制稀土出口反应强烈，就是因为稀土在高技术产业领域有着十分广泛的应用，尤其在国防科技领域。因此，我国发挥稀土资源优势，大力发展稀土新材料的应用，对国家安全和战略资源有重要保障作用。

3.5.8 知识产权保护方面

知识产权保护在稀土生产，尤其是相关技术应用领域有着重要的作用，是对科技创新的重要保障。2012 年 4 月，国家知识产权局发布了《2012 年国家知识产权战略实施推进计划》，其中提出要继续支持战略性新兴产业发展，开展对稀土稀有金属新材料的专项支持工作。稀土专项技术的产权保护，无论对稀土产业可持续发展，还是对相关新材料的研制应用都会起到积极的保护作用，也是促进我国稀土产业先进技术创造和保护的重要手段。

从近年我国政府针对稀土行业出台的专项政策及效果来看，稀土产业的健康发展受到了政策规划的积极引导，同时这些政策呈现出以行业生态环境保护为基本目标的可持续发展的整体性特征。在稀土生产方面，政策包括对于可开采总量计划、行业进入限制及生产污染物达标排放的控制等；在稀土出口方面，采取出口配额制度、取消出口退税并加征出口关税及限定出口产品品种等办法来规范稀土有序出口；在稀土产业发展战略方面，将稀土确立为国家战略资源并积极建立稀土战略储备体系；在稀土应用方面，通过对稀土领域技术创新的支持和鼓励来带动稀土新材料、新应用的发展。这些政策相互联系与配合，共同发挥作用，必将促使我国稀土产业逐渐形成生产与出口合理、行业整合速度加快、注重生态环境保护和技术创新应用的可持续发展。

3.6 稀土产业可持续发展的界定和路径选择

3.6.1 稀土产业可持续发展的含义

根据稀土产业的性质和特点，稀土产业的可持续发展就是要在有限的稀土资源及现有的技术水平下，经济合理地开发利用资源，同时全面考虑代内和代际公平，提高稀土资源的使用效率，增强稀土产业发展的持续性；通过对稀土资源的开发利用，优化产业结构，有效推动稀土产业和国民经济健康发展，保持经济增长的可持续性；在稀土开发过程中，有效保护生态环境，减少开发、生产过程中对生态环境的破坏，并采用合理有效手段积极加以修复，以维护生态环境的可持续性。

稀土产业可持续发展研究的主要领域是稀土资源的持续保障能力、稀土产业的社会可持续性、稀土产业的经济可持续性和稀土产业的环境可持续性。研究可分为三个层次：①稀土产业对经济社会发展的支撑能力；②稀土产业的环境、经济和社会可持续性问题；③稀土产业本身的可持续发展问题。三个层次之间是相互关联的，经济社会发展对稀土资源稳定供应的需求是稀土产业存在的前提和基础，而稀土产业的可持续发展是提供安全稳定的能源供应的根本保障。把维持稀土产业的支撑能力与对环境、经济和社会产生的影响协调统一，有利于促进稀土资源保障和稀土产业的可持续发展。

3.6.2 稀土产业可持续发展的基本模式

我国稀土产业可持续发展的核心问题是如何实现稀土资源有效利用、环境保护与社会、经济发展之间的和谐，寻求稀土产业资源、经济、社会、环境和技术等各要素之间的协调，最终实现整个系统的可持续发展。

3.6.2.1 稀土产业可持续发展的系统构成

系统学认为，万物都以系统的形式存在。所谓的系统，也就是由相互作用、相互联系、相互依赖的若干组成部分结合起来的具有某种或几种特定功能的有机整体。稀土产业可持续发展系统是一个复合大系统，它不仅与社会、经济、科技等有密切的联系，而且不直接影响生态环境和自然资源。稀土产业的可持续性发展与潜在的效应是多种因素相互交织在一起共同作用的结果，必须用系统的观点通过系统分析方法来认识和处理稀土产业可持续发展问题，才能够对我国稀土产业可持续发展做出较完整和深层次的解析。

稀土产业可持续发展由社会（Society）、技术（Technology）、资源（Resource）、环境（Environment）、经济（Economic）五个基本子系统组成。社会、经济受人类活动影响，是意识层面的内容；资源和环境是稀土产业可持续发展的基础，制约着人类的活动，是物质层面的内容；而技术是实现不同要素相互整合、相互协调的平台。这五个子系统协调发展是中国稀土产业可持续发展的保障。

3.6.2.2 稀土产业可持续发展的系统运行机制

（1）系统可持续。经济和社会的发展对稀土资源产生巨大需求，推动稀土产业发展；稀土产业的发展带动经济、社会发展并推动技术进步，促进环境保护和生态平衡，从而实现资源的有效利用，为稀土产业的进一步发展提供动力，使整个系统处于可持续状态（见图3–6）。

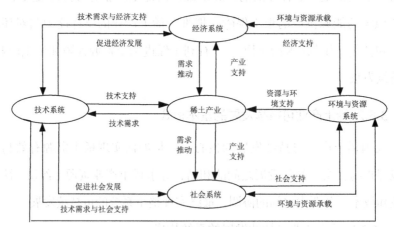

图3–6 稀土资源可持续发展系统可持续

资料来源：杨嵘，李俊亭，齐仲锋，等.中国油气资源产业可持续发展研究[M].北京：中国社会科学出版社，2012：104.

（2）系统不可持续。稀土资源的发展造成了稀土资源的消耗和生态环境的破坏；技术进步的双向性在促进稀土资源产业发展的同时也加速了稀土资源的耗竭和环境破坏；在技术替代有限的前提下，资源和环境的破坏制约着经济的健康发展，同时也造成一系列社会问题，致使发展不可持续（见图 3–7）。

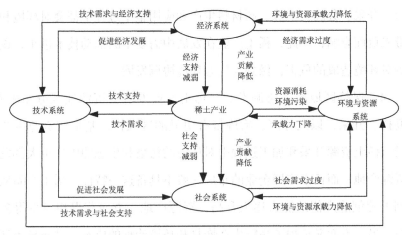

图 3–7　稀土资源可持续发展系统不可持续

资料来源：杨嵘，李俊亭，齐仲锋，等 . 中国油气资源产业可持续发展研究 [M]. 北京：中国社会科学出版社，2012：105.

3.6.2.3 稀土产业可持续发展的基本要求和路径选择

（1）保持稀土资源的可持续利用。稀土产业的可持续发展必须以稀土资源持续利用为基础。稀土资源是一种不可再生资源，而且其储量是有限的。从长期来看，稀土资源可持续利用也是一个相对的概念，只能尽量延长稀土资源的利用时间。因此，国家政府必须规划好稀土产业中生产者的生产行为，使之合理生产并加倍珍惜稀土资源。

（2）保持稀土产业经济发展的持续性。可持续发展理论的核心是发展，主要指经济发展。稀土产业可持续发展也要以经济效益为核心。因为稀土产业发展过程中需要有大量的资金进行新资源勘探、接替资源准备、技术装备水平提高、生产工艺改造以及环保、污染物的控制与处理等工作。行业经济效益能为产业持续、稳定发展积累必要的资金。稀土产业经济发展是产业可持续发展的重要保障。

（3）保持生态环境可持续。生态环境是人类生存和发展的物质基础，环境状况对经济社会的发展可以起推动作用，也可以起制约作用，是双重的。稀土产业的发展必须与环境相协调。稀土产业在资源勘探、开采、分离、冶炼、新材料生产和应用整个过程中都会对环境和生态带来负面影响，因此，稀土产业在发展中需要不断推动技术进步，逐渐减少对环境造成的危害，做到与生态环境协调发展。

（4）保持区域经济协调发展。稀土产业发展受资源地区分布限制，其勘探、开采，以及分离、冶炼带有明显的区域性，基本按资源生产地布局。稀土资源开采和加工过程中对环境的污染和生态的破坏也大都发生在资源产地；而稀土应用企业的布局一般不具备这一特征。稀土产品从上游到下游创造产值的能力逐级升高，资源产地一方面获得相对少得多的收益，另一方面又承担了高额生态恢复和环境治理的成本，进而导致利益分配不公，地区发展不协调。对稀土生产各环节征收的各类税费、发展基金、保证金等进行合理的分配，保证专款专用，促进资源地经济可持续发展。

（5）保持稀土应用领域的技术领先。稀土产业的可持续发展，技术是保障。通过科技资源投入进行技术创新，不断发现新的稀土资源以及替代品，对稀土资源的使用方法和应用领域进行扩展和深化，提高稀土资源利用率。开发节约资源、废弃物循环利用、生态环境恢复治理的技术及设备，从而拓宽稀土产业延伸范围，促使可持续发展得以实现。

稀土产业要想实现长期可持续发展，必须在先进技术的支撑下，全面实行循环经济发展模式。发展循环经济有利于节约自然资源、减少污染；有利于资源回收、循环再生；有利于物质重复使用、创新再造；有利于生态环境保护、和谐发展（见图3-8）。

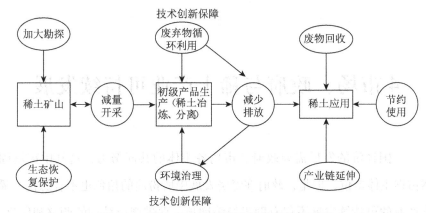

图 3-8 稀土产业实现可持续发展的机理图

3.7 本章小结

本章首先对我国稀土资源情况进行了简单介绍。我国近年稀土大量开采和出口致使我国稀土资源储量在不断下降，世界稀土资源的新发现也使我国稀土资源优势逐渐减弱。其次，对稀土生产工艺流程进行了介绍，并对稀土产业进行了界定，稀土产业包括稀土开采、分离、冶炼，稀土金属和氧化物的生产以及稀土应用在内的产业链条。再次，对我国稀土产业发展现状和存在的问题进行了分析，稀土产业在发展中存在资源利用率低、出口增长过快、生态环境破坏严重、储量份额下降、稀土企业规模小、产业结构不合理、稀土应用技术研发滞后等问题，并对世界其他国家稀土资源战略和我国近年稀土产业政策进行了介绍。最后，结合我国稀土产业发展现状和其他国家发展策略，对我国稀土产业可持续发展进行了界定，提出稀土产业可持续发展路径模式。

4 市场、政府与稀土产业可持续发展

一国经济的发展需要政府和市场各主体的共同努力，这其中市场固然占据主体地位，但是，政府在经济发展中所扮演的角色也不容忽视。稀土产业的可持续发展不仅有助于经济增长，促进产业结构的调整和优化，也有利于提高我国稀土在国际上的发言权，因此扶持并推进稀土产业可持续发展是政府需要面对的一个重要课题。政府利用包括财税政策在内的多种手段支持稀土产业的发展，首先必须要明晰其理论基础和决策依据。本章首先对市场和政府支持产业可持续发展的一般理论和基本理论依据加以介绍；继而对我国财税政策的功能和效应以及其支持稀土产业发展的必要性进行分析，对财税政策支持稀土产业的工具、主要作用领域和环节等进行梳理；最后针对稀土产业发展过程中存在的问题，并借鉴国外稀土产业发展战略，从资源利用、产业结构调整、技术创新、生态环境保护与恢复等方面提出我国稀土产业可持续发展的财税政策的总体思路，以期解决制约稀土产业可持续发展的障碍，对我国稀土产业可持续发展产生积极的推动作用。

4.1 市场定价和竞争是可持续发展的基础

市场最重要的特性是有关商品和服务的经济价值，在价格信号的引导下可以完成对资源的优化配置，化解经济活动中产生的利益矛盾。当然，这里讨论的前提是：市场是比较完善的，很少受到既得利益者和政府的干预。市场运行中所包含的最大化效率原则、平等交换原则和均衡价格原则，以及所带来的人类社会更加充分的行为交往和利益共享，也是实现可持续发展的基础。

市场竞争不是简单的价格竞争，而是看谁更有能力生产新的产品，或者说用新的方式生产产品；谁更有能力开拓新的市场，发现新的原材料，采用新的组织形态，为消费者创造更高的价值。企业之间的竞争，推动了人类社会的飞速发展。❶

在市场经济条件下，成本收益意识与成本收益核算的广泛存在，是有利于稀土资源的节约和高效利用的，尤其是在稀土资源的代内可持续利用问题上，可以充分、有效地发挥作用。

市场经济理性的客观存在必然会刺激更多的技术创新产生，从整体上有利于资源的高效使用。如果能将市场经济手段与行政管理手段有机地结合起来，对私利的追求与人类的可持续发展是有可能统一起来的。

4.2 市场不完善对稀土产业可持续发展的影响

传统发展理论与可持续发展理论的矛盾和冲突集中表现在两个方面。一是经济人假设的缺陷。传统发展理论认为人是趋利避害的自利性动物，从事经济活动的目的是使个人经济利益最大化。在这种情况下，经济人没有必要考虑非经济利益和社会利益，也就无法解释人类的利他行为，也就不可能为实现代内乃至代际公平提供理论支持。二是狭隘的财富观念。未进入生产过程的自然资源、自然环境与生态系统，由于没有具体的使用价值，而未被纳入到财富的范畴中，这种狭隘的财富观与关注未来发展机会、承认环境资源价值的可持续发展是相悖的。

4.2.1 市场不能完全符合可持续发展对稀土资源的最优利用

企业在进行生产决策时，需要协调个人价值目标、效率目标和利润目标等多方面的因素，在个人与社会联系的限制下，只能以满意的利润为经营目标。

---

❶ 张维迎. 市场的逻辑 [M]. 上海：上海人民出版社，2010：41–48.

由于市场价格不能全面反映自然资源对人类发展的全部价值，所以市场对自然资源最优配置的结果与可持续发展对自然资源最优利用的方向可能不完全符合，对非市场性的自然资源在基本方向上存在偏离的可能。

市场在可持续发展意义上的资源持续利用问题上，在利益权衡下既存在积极的一面，也存在消极的、与可持续发展相冲突的一面，防止这种消极现象发生和消除消极后果，确实需要一种非市场的力量存在并执行这一职能。❶

如果人类普遍具有"人类"的整体意识和"后代"的未来意识，并辅之以合理的利益矛盾协调机制，整个人类就存在合作的可能，代际公平及可持续发展也就可以实现。

4.2.2 市场对环境污染等外部性问题的解决缺乏效率

市场机制运行所遵循的个体收益最大化的基本价值导向是环境污染产生的更深层次的市场性原因。在市场经济条件下，环境污染物实际上是没有需求的一种公共"劣品"，如果没有严格的法规约束和有效的惩罚措施，其排放是不需要控制且免费的，但治理或净化却需要增加成本。因此，即使制污者具备基本的道德良知且清楚污染的公害性，只要他找不到减轻污染且不增加产品成本的途径，只要污染生产中的获益仍然远大于污染对他个人的损害，追求个体收益最大化的价值导向，以及与此相伴生的激烈的市场竞争仍将迫使他走免费或低成本排放的道路。

虽然部分稀土企业迫于外部压力采取环保措施以减少污染的排放，但绝大多数仍然是尽可能做出免费排污、降低成本的选择，即使采取治理污染的措施，目的也是为减少自身危害而不是从社会成本收益的角度来考虑问题，力求保持减少污染的私人边际收益与私人边际成本的平衡。另外，受环境保护限制的个体也会采取将污染进行地区转移的方式。

---

❶ 孔令锋. 可持续发展的政治经济学分析——基于市场与政府的视角［M］. 上海：上海财经大学出版社，2008：119–121.

用市场经济手段解决环境问题的主要思路是抑制环境问题所带来的负外部性并将其内部化，可以采用两种具体途径。

一是政府以征收税费的形式将污染成本加到产品成本中去，从而使污染的私人边际成本与社会边际成本相等。因这一设想来源于庇古，又称为"庇古手段"，主要包括税收、收费、补贴、押金退款以及执行鼓励金等。

二是确立环境要素的产权归属，使环境要素的使用权可以通过当事人之间的谈判协商或其他形式获得市场价格，并通过自愿交易使其外部性内部化。这一设想最先由科斯提出，又称"科斯手段"，主要包括自愿协商、排污权交易等。

这两种市场经济手段与行政管制手段相比优越性较大，为污染者提供了更为多样化的经济选择，允许当事人在环境治理与改善的前提下通过成本收益的比较做出最有利的选择，因而更适用于市场经济环境。

由于稀土市场追逐私利的价值导向及客观存在的竞争压力，环境保护不可能在自由放任的市场经济条件下自发实现，必须依靠非市场的力量，尤其是政府的力量才能够得以实现。无论是从庇古手段的税率确定，还是从科斯手段的产权明晰来看，市场经济手段都必须在政府的协助下才能得以正常实现。在环境保护中市场经济手段的使用首先取决于政府的选择与规范，离开政府的正确引导，市场经济手段将不会发挥效力。因此，在环境保护中，政府发挥主导性的作用，而市场所起到的应是一种响应性的作用。❶

4.2.3 市场对稀土技术进步推动乏力

技术进步是稀土产业可持续发展的重要保证，无论是在环境保护，还是促进经济增长方面，都是可持续目标实现的一个重要手段。技术进

---

❶ 孔令锋. 可持续发展的政治经济学分析——基于市场与政府的视角［M］. 上海：上海财经大学出版社，2008：129.

步是稀土产业可持续发展的动力，稀土产业可持续发展需要技术创新和进步，并且只有依靠技术创新才能得以实现。

技术创新的目的或者是为了降低成本、增加产品的竞争力，或者是看到了未来市场潜在的高额利润，或者是为了确保目前获利活动的正常顺利进行，根本出发点应该是保持竞争优势。所以，技术创新是一种具有明确利润导向的活动，或者说技术创新的主要目的是获取利润。

符合可持续发展要求的技术可以称为"绿色技术"，主要包括有利于资源持续利用的技术、生态环境恢复与保护技术和资源循环利用技术等。

稀土资源可持续利用技术主要用于降低资源开发利用成本、提高资源的使用效率、寻找替代资源。这方面技术的开发和创新，市场有积极性，但由于技术创新是一种高投入、周期长的商业活动，所以需要创新主体具有一定的资金和技术实力。而对于生态环境恢复与保护技术的创新和开发缺乏市场的激励，主要是因为环境质量是一种公共产品，对环境的污染或生态的破坏大部分发生在市场外部，不会受到市场力量的制约。

即使在政府干预下，如果外部成本的内在化没有达到一定程度，企业没有受到强烈的经济压力，稀土技术创新的动力依然不足。只有当政府的干预足以对市场需求发生影响时，这一类技术创新才有可能真正得以发生和实现。

4.3 政府在稀土产业可持续发展中的作用分析

我国市场还不成熟、不完善，存在一些缺陷，需要非市场的力量加以弥补和纠正，而政府正可以积极发挥这方面的作用，介入和扶持稀土产业的可持续发展。

4.3.1 政府与市场在稀土产业可持续发展中的合理边界

市场机制是社会经济资源的主要配置手段，它可以通过价值规律和供求规律等实现对资源的有效配置，提高社会效率。但是，由于市场机制的固有缺陷或市场机制的不健全，在现实生活中，市场有时难以实现资源的最优配置，即出现市场失灵的情况，不能达到帕累托最优状态。市场缺陷的存在为政府介入社会经济生活提供了原动力。

为了解决外部性问题和公共物品问题，缓解经济波动，促进经济发展，政府在必要时可以以适当的方式影响社会经济的运行。某一产业的发展不可避免地会遇到市场失灵的问题，对于这些问题，产业自身可能难以有效应对，因此需要政府的介入和支持。要正确理解政府与稀土产业发展之间的关系，必须要遵循以下两点。

（1）稀土产业的健康发展离不开政府的作用。针对市场机制存在的缺陷，政府可以采取法律、行政和经济手段对其加以干预。当某一产业的行业集中度较高，形成垄断时，垄断厂商就有可能利用其垄断地位，获得超额利润，降低市场效率。对于这种情况，政府可以通过反垄断法的形式加以限制，也可以通过规定价格或收益率的方式来限制垄断，从而消除由垄断带来的负面影响。针对宏观经济大幅波动的巨大负面作用，政府可以通过实施宏观调控，运用财政政策和货币政策来提高有效需求，缓解经济危机。与此同时，具体到稀土产业而言，市场的解决具有滞后性，市场自身难以主动及时并具有前瞻性地进行调整，从而可能会出现产能过剩、资源浪费等现象。政府可以根据社会发展的要求，适时调整产业结构，引导企业向正确的方向发展，实现稀土产业结构的优化升级。

（2）政府在支持稀土产业发展的过程中必须要遵循一定的原则。第一是外部性原则。对于外部效应不同的产业，政府要予以差别对待。一般而言，对于能够产生较强的正外部性、具备较高附加值的产业和技术，政府公共财政资金要予以支持；对于负外部性明显的产业要加以限制，从而实现社会效益和福利的最大化。第二是公共物品原则。公共物品是指同时具备非竞争性和非排他性两大特征的物品，即某人可以从该物品中受益，但不一定要为之付出报酬。由于任何人都有机会免费加以利用，所以，在市场机制下，公共物品会出现供给不足的情况，这就需要政府的介入，通过"有形的手"予以调节。对于某些公共性较强的准公共物品也可以视作公共物品，由政府进行调节。

4.3.2 稀土产业的可持续发展需要政府介入

稀土资源作为国家重要的战略性资源和高科技材料，被称作是工业的"味精"和"21世纪的新材料宝库"。我国作为一个稀土生产大国、出口大国和应用大国，稀土产业的可持续发展对我国国民经济的各个领域有着巨大的影响，对我国经济健康平稳增长发挥着重要的作用。但由于产业结构不合理，无序竞争和低价竞销的现状，使得我国的稀土资源优势并没有转换成为产业优势和经济优势，严重地阻碍了稀土产业可持续发展。稀土产业发展中所存在的外部性、技术创新的公共产品性、战略性等重要特征，为政府介入稀土产业可持续发展提供了基本的依据。

（1）稀土产业的发展存在负外部性。由于市场聚集度低，上规模的企业较少，整个稀土产业缺乏竞争力。这一产业现状不仅造成了大量的资源浪费，也导致了严重的环境污染现象。如果按照我国现有工业"三废"排放标准对我国的稀土生产企业的排放物进行测量，现有的稀土生产企业很少有能够符合国家标准的，尤其是生物耗氧量、化学耗氧量等指标都大量超标。此外，大量工业排放物没有得到妥善的处置，其所带来的放射性污染给生产人员以及周边居民造成了严重的影响。这些问题的存在，造成了严重的负面影响，也制约了稀土产业的可持续发展。因此，政府必须要结合具体国情和战略需要，对国内的稀土资源进行有序的开采和综合利用，并强化行业自律，保证稀土资源的可持续开发和利用。

（2）稀土产业对国家技术创新具有重要意义。稀土产业并不仅仅是简单的矿藏采掘的产品生产，同时也涉及许多基础研究的推进和高精技术的研发，是一个复杂的技术创新的过程。稀土材料及产业的发展对我国技术创新和科技水平提高具有重要推动作用。除产业本身从技术外溢所产生的正外部效应中受益外，稀土产业对其他资源的开发利用的研究工作也会产生重要影响。鉴于我国目前对于知识产权的保护尚存在诸多不足的现状，某一稀土企业的一项研究成果很容易被其他市场主体所模仿甚至是窃取，但是该企业却难以从中获利。同时，稀土产业的有序健康发展对于其他矿藏产业也具有极大的示范意义，对于探索出一条具有我国特色的矿藏资源发展道路具有重要意义。因此，政府应当通过采取有效的政策措施，推动稀土产业的可持续发展。

（3）稀土产业的发展有较强的战略意义，需要政府的介入。在稀土产业的发展中，需要面对国内外市场变化、技术研发、公司管理等多方面的风险，这种复杂性和多变性决定了稀土产业的发展必须要应对巨大的不确定性。同时，稀土产业的重要性以及存在的不足，决定了政府必须要通过调整产业结构、淘汰落后生产设备，加大技术开发的投入，不断提高稀土资源的开发利用水平，彻底改变我国稀土应用产业技术含量低、跟踪仿制多、自主创新少、高端应用滞后的现状，避免发达国家利用其在稀土高新技术领域的知识产权优势，采用技术贸易壁垒等手段对我国稀土应用产业的发展进行遏制。

4.3.3 稀土产业可持续发展中政府的角色

政府在稀土产业可持续发展中主导性作用的发挥，应当首先以尊重市场经济发展规律为前提，在稀土产业可持续发展中主要起倡导者、组织者和推动者的作用。❶

一是可持续发展的倡导者。政府在认识到可持续发展思想的先进性并选择了可持续发展后，应在全社会大力宣传和倡导可持续发展思想，提高社会各界对可持续发展的认识，逐步引导社会的发展观念由传统经济增长观向可持续发展观的转变。只有这样才有可能获得社会各界的广泛支持并积极行动。

---

❶ 孔令锋，黄乾．科学发展观视角下的中国可持续发展阶段性与政府作用［J］．社会科学研究，2007（2）：34-37.

二是可持续发展的组织者。政府的主要任务是在可持续发展思想指导下，构建与可持续发展的实现相适应的政策法规体系，对各市场主体的经济行为加以规范和约束，协调由于发展模式转变所引发的不同利益集团之间的矛盾。

三是可持续发展的推动者。政府作为社会公共事务的经营管理者，可以凭借垄断的政治权力及税收收入，通过直接投资或转移支付等形式向市场提供公共物品和公共服务，对稀土产业可持续发展中的市场失灵进行矫正，促进代内公平和代际公平的实现，直接推动稀土产业可持续发展的实现。

从本质上看，上述角色所对应的具体任务存在着一定共性。在总结共性的基础上，可以更为明确和简约地归纳出政府在稀土产业可持续发展实现过程中的主要任务，即制度安排与制度创新。换言之，政府应主要通过提供合理的促进稀土产业可持续发展的制度框架来发挥主导性作用。

4.3.4 稀土产业发展中的政府、企业行为分析

我国政府近几年采取出口控制和行业准入等措施，加强了对稀土行业的行政干预，但终因信息不对称或监管不力等原因而存在政策失效的可能。分析这种现象，根本原因还是政府与市场或企业在目标上存在不一致：中央政府是基于全社会整体的长远利益考虑来制定政策或管控；地方政府更多考虑的是一个地方当前或短期经济发展或增长（GDP）；而企业对自身利益最大化的追求应该是一种本能，大多愿意以很小的投入快速积累大量的财富，却很少愿意承担更多的社会责任或追求社会效益最大化。三方利益诉求或追求的目标出现了分歧。如果政府能够采取正确的手段，三方不同目标可能协同为两方或者是理想的统一目标。

第一种选择是中央政府继续执行目前严格的稀土管控政策，对地方政府和企业的短期利益不进行必要的补偿。地方政府和企业在短期利益的驱使下，很容易形成合谋而采取规避措施（如偷采、走私等）。结果是中央政府的政策目标无法实现，而在政府的管控下稀土产量减少、价格

升高，短期获利方为地方政府和企业，三方的长远利益或可持续发展目标难以实现。毒品交易非法化就是一个极好的例证，从经济学供求的角度毒品合法化是解决毒品走私泛滥的最好办法，但在社会正义或社会目标角度确是难以容忍的。

第二种选择是中央政府继续执行目前严格的稀土管控政策，对地方政府和企业的短期利益损失进行必要的补偿，并对有利于稀土产业可持续发展的行为采取激励措施。在这种组合政策的作用下，地方政府和企业有服从国家管控的积极性，三方目标基本一致。

很显然，第二种选择应该是最合理和可取的。政府的作用在于有效抑制企业和地方政府的短期行为，而支持或鼓励长期行为。也就是说，在严格管控的同时加大对地方政府的转移支付力度，运用财税政策加大对企业的长期可持续行为的奖励和补偿力度，从而在政府和企业三方目标一致的基础上实现稀土产业的长期可持续发展。

4.4 财税政策与稀土产业可持续发展

4.4.1 财税政策的功能

财税政策是指为实现特定的经济社会目标，一国政府所采取的调整财政收支规模、组成结构和使用方向的指导原则及相应的措施，它是由税收政策、支出政策、转移支付政策、政府采购政策等组成的一个完整的政策系统，贯穿于财政工作的全过程。财税政策的功能界定离不开政府与市场职能的界定和划分，在市场经济条件下，我国所实行的公共财政制度，决定了财税政策的功能主要在于弥补市场失灵，提供公共产品。政府是作为宏观调控者的身份出现，而不能以营利为目的，政府要以满足社会公共需求为主旨选择和实施相应的财税政策。

因此，现阶段我国的财税政策（简称财政）的功能主要有以下几点。

（1）财政的资源配置职能。即在充分发挥市场对资源配置的基础性作用的前提下，政府通过税收和公共支出等方式，参与社会资源的配置，以实现生产要素的合理配置。由于公共产品和外部性的存在，在一些不完全竞争的领域仅通过市场机制的作用难以实现资源的有效配置，因此，需要财政来加以弥补。这主要体现在通过经费拨款和无偿投资等方式，对那种收益低、成本高、外部性强的基础性产业、科教文卫事业、国防事业、社会保障和环境保护事业等部门进行补贴和支持。

（2）财政的收入分配职能。这是指政府通过财政的收支活动对社会各成员的收入分配进行调整，以使收入分配达到合理的程度，符合社会认可的公平观念。在市场经济条件下，社会以生产要素的投入和个人能力的大小作为初次分配的标准，这种分配可能是不公平的，可能会导致两极分化，激化社会矛盾。这种情况，很难通过市场的力量予以解决。政府可以通过税收、转移支付和规范工资制度等方式，优化收入分配，提高社会整体的福利水平和幸福指数，逐步实现共同富裕，促进国民经济健康发展。

（3）财政的调控经济职能。这是指政府通过实施特定的财税政策，相机决策，促进国民经济目标的实现。在经济出现较大波动时，政府可以分别采取不同的财税政策，调整社会的总需求，提高就业率，实现物价稳定和经济增长。此外，政府还可以通过对不同产业实施有差别的财税政策，扶持或者抑制某一产业的发展，对于国家战略性产业，政府可以通过财政投资、财政补贴和优惠税率等方式对其进行扶持，支持稀土产业的可持续发展。

（4）财政的监督管理职能。这是指财政通过审核、检查和财政制裁等手段，对国家的宏观经济运行情况和微观经济主体的行为进行监督管理，从而保障经济的有序运行，它贯穿于财政资金收支的全过程。通过对宏观经济指标的监测和分析，可以及时获取相关信息并做出预警，以便更好地做出经济决策；而对微观经济主体的监管如税收督查等活动，可以有力地规范经济秩序，严肃财经纪律，保护企业和国家的合法利益。

4.4.2 支持稀土产业可持续发展的主要财税政策工具

财税政策必须要借助一定的工具才能得以实施，政策工具选择是否得当直接关系着政策目标能否顺利实现。现阶段，我国在实际经济生活中所运用的财税政策工具主要包括税收、政府采购、公共投资、转移支付等，这些政策工具同样适用于稀土产业。

4.4.2.1 税收政策

按照一般的做法，政府会利用选择性、差异化的税收政策，如税收减免（包括直接税和间接税）和特别加速折旧等方式，对稀土相关产业进行调节。对于需要可持续发展的稀土产业，政府可能会用税收手段，在资源节约、综合利用、环境保护、产业链延伸等领域发挥调节作用，并推出相应的配套措施，支持产业可持续发展。在世界上其他许多国家，政府为了支持某一产业的可持续发展，也会出台许多如免税、优惠税率、纳税扣除和投资抵免等税收政策加以鼓励，并且不少国家已经取得了良好的效果。

4.4.2.2 政府采购政策

政府采购是指政府运用财政资金去市场上购买商品和服务，实现其公共职能。由于政府的采购规模巨大，其采购政策的制定、采购对象的选择，对于市场上的生产厂商具有重要的指引和导向性作用。政府采购的目标性非常强，政策时滞短，效果明显，可以给企业产生非常直接有效的支持。据有关统计显示，目前主要发达国家的政府采购已经达到国内生产总值（GDP）的 10% 左右，并且已经被广泛地运用于激励本国企业从事研究开发，实现政府的政策目标。因此，政府在进行政府采购之时必须要有切实可行的方案，进行有选择、有侧重的采购，改变社会的需求结构，支持创新产业和战略产业的发展。但需要指出的是，政府采购属于事后激励行为，对于成功的企业可以形成有效的激励，但是对于部分失败的企业而言，却很难从中获得利益。

对于稀土产品的政府采购政策，可以选择稀土高端应用于节能、环保等类产品，引导企业调整产品结构。

4.4.2.3 公共投资政策

公共投资是指政府为实现预期宏观经济效益和社会效益，利用所筹集的公共资金对特定部门进行投资，以改善经济环境，满足社会公共需要。它主要包括两方面的内容：一是对企业不愿意或者没有能力开展的项目进行直接投资，如对交通运输、供水、供电等基础设施进行投资，或者是直接召集人员对基础性的科研项目进行研究。二是通过设立专项基金或者是财政补贴的方式，对稀土等特殊产业进行投资。这是政府对稀土企业的无偿支出，不一定会有直接的回报，但是，通过这一行为，政府可以影响资源的供需结构和配置结构，进而实现特定的政策目标。

4.4.2.4 转移支付政策

转移支付是指为了解决财政失衡问题，各级政府之间通过一定的形式和途径转移财政资金的活动，它是政府资金的单方面无偿转移。根据资金转移方向的不同，转移支付可以分为横向转移、纵向转移和混转。转移支付可以弥补财政实力薄弱地区的财力缺口，缩小地区财政差距，保证地方政府可以提供最基本的公共产品，实现地区间基本公共服务能力的均等化。但是，由于事权和财权划分不明确，以及财力的限制，现阶段我国的转移支付制度不是很规范。

国家对稀土产业加强控制和管理，短期内必然对相关地区经济发展产生不利影响，为了平衡发展和保护的矛盾，保证地区经济发展和所需财力，加大这些地区的转移支付力度也是非常重要的政策手段。

除此之外，政府的财税政策工具还包括公债、政策性金融政策、财政贴息和财政担保等多种形式。公债是国家或政府以债务人的身份，采取信用的方式，通过借款或发行债券等方式取得资金的行为。政策性金融政策是政府为了实现特定的政策目标而实施的金融或与金融相关的手段，其在利率、贷款期限、担保条件、配套举措等方面，比商业性融资更加优惠。财政贴息是国家通过财政对使用某些规定用途的银行贷款的企业就其支付的贷款利息提供的一种补贴，实质上就等于财政代表企业向银行支付利息。财政担保是以财政名誉进行担保而获得的一种贷款，是政府政策扶植的一种方式，一旦发生还款困难，由财政进行解决。

4.4.3 财税政策支持稀土产业可持续发展的主要领域

在公共财政体制下，政府在经济发展过程中要甘当"配角"，主要是要做好服务工作，让市场作为"主角"。财税政策在支持稀土产业可持续发展的过程中，要做到既不能越位，也不能缺位，主要对具有公共产品性质、外部性较强、私人部门难以完成的领域加以支持，具体而言，主要包括以下几个领域。

（1）要加大对稀土技术创新和专业人才培养的财税政策支持，不断提高企业的自主创新能力。目前，我国在稀土应用和研究方面，核心技术缺乏，产品的技术含量和附加值低，在技术领域申请的专利数量稀少。由于许多产品的知识产权被发达国家所垄断，我国企业要向高端市场和国际市场进军，就必须要向他国购买专利许可证，接受这些国家的高额盘剥。与此同时，由于我国稀土资源主要集中于内蒙古、江西等区位并不优越的地区，许多稀土企业的高精技术人才大量流失，高层次管理人才也极度缺乏，这已严重影响我国稀土产业的可持续发展，阻碍中国稀土产业向国际市场进军。因此，政府必须要通过实施一整套的财税政策，制定稀土人才发展战略，鼓励企业对重大技术项目进行攻关，对基础性研究予以财政补贴，支持稀土产业的技术进步和创新。

稀土专业人才的培养可以采用财税的激励政策，一是对稀土产业研发人员的教育、培训投入给予财政专项资助和税收优惠，二是对稀土产业研发人员的收入所得给予税收优惠，以引导社会各界培养稀土高素质人才，增加高素质人才供给，使之流向稀土产业，进而增强稀土产业的研发和创新能力。

（2）要加大对稀土储备领域的公共财政投资，完善我国的稀土储备体系。稀土作为不可再生的战略资源，对各部门经济发展和国家安全具有重要意义。但是，长期以来，我国对于稀土储备工作并没有给予应有的重视，这也是导致其国际定价权缺失和利益流失的重要原因。稀土战略资源储备制度可以增强我国在国际稀土市场上的话语权和影响力，提高价格谈判能力，更好地协调稀土资源与国家经济发展的关系。因此，政府要加大对稀土储备领域的投资，建立功能齐备、运作得当的储备库，在国际稀土价格低迷时，进行保护收储，防止稀土资源的低价流失；当价格上涨时，适时出售，实现经济利益。

（3）要加大对稀土产业在生态环保领域的财税政策支持力度，实现经济利益和生态利益的协调统一。受高额利润的驱使，大量中小企业涌入稀土产业，这些企业大多生产技术水平较低、环保意识薄弱、生产设备落后，普遍采取的是粗放型的开采方式，滥采滥挖，采富弃贫现象严重，导致大量稀土资源被浪费，生态遭到破坏，环境污染严重。不少地方政府为了一时的政绩，对这些乱象并没有采取及时有效的措施予以制止，严重制约了稀土产业乃至当地经济社会整体的可持续发展。因此，现阶段，政府亟须采取措施扭转这一局面，要通过财政转移支付、专项拨款、资源税、环境保护税、生态补偿等方式，加大对稀土产业的管理和引导，督促企业改善生产方式，提高生产水平，保护生态环境。

4.4.4 财税政策作用环节

稀土从采矿、选矿到冶炼分离出稀土产品，再到下游的应用，经历了一个较长的产业链，稀土产业链的上、下游之间存在着大量信息、资金及服务方面的联系，是一个价值递增的关系。结合我国稀土产业的现状，可以在稀土的开采、分选、冶炼、应用和出口各环节发挥财税政策的作用，综合运用财税手段解决其存在的问题（见图4–1）。

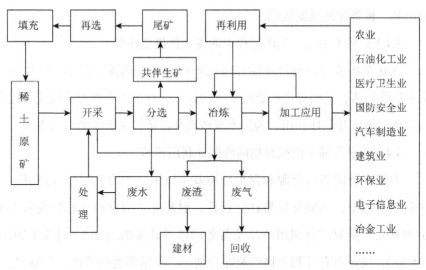

图 4–1   稀土产业发展循环经济基本模式

4.4.4.1 稀土资源的开采和分选环节

在这个环节中，应制定适当、有效的税费制度，使资源开采的环境价值内部化，全面体现稀土矿产资源的资源、环境等价值，限制盲目开采，促使稀土矿产资源的综合、保护性开采；运用财政税收手段，对开采低品位矿、难选冶矿、共伴生矿以及尾矿的综合开发利用予以鼓励，促进稀土资源的节约和可持续利用；利用税收政策逐步淘汰落后稀土分离、冶炼产能，促进先进适用技术和装备的推广应用，优化生产工艺流程，节约资源、控制污染。

4.4.4.2 稀土资源的消费环节

一是对那些能够有效降低资源消耗量的投资，包括对投资于资源节约的技术、设备等给予适当的税收优惠，从而降低投资成本而处于竞争优势，鼓励企业节约资源。二是通过提高稀土资源税费，提高稀土价格，减少初级低端应用的利润和竞争力，从而增加稀土资源的使用成本，减少稀土资源的消耗，最终达到合理使用稀土资源的目的。三是探讨征收稀土消费税，促使消耗稀土的企业节约使用；通过稀土消费税的征收还可以实现消耗地对资源地的补偿，资源地运用这部分收入发展当地其他产业，摆脱对某一种资源的过度依赖。

4.4.4.3 稀土冶炼、生产过程中的废弃物排放环节

在这个环节可以通过征收环境保护税或者提高排污费率，强化纳税人的环保行为，从而提高排放废弃物的成本，减少废弃物的排放或者促进废弃物的回收并循环利用，为国家发展循环经济提供更多的财力支持。

4.4.4.4 对含稀土的废弃物回收循环利用环节

为深入贯彻节约资源和保护环境基本国策，大力发展循环经济，加快资源节约型、环境友好型社会建设，财政部、国家税务总局发布《关于调整完善资源综合利用产品及劳务增值税政策的通知》（财税〔2011〕115号），决定对农林剩余物资源综合利用产品增值税政策进行调整完善，并增加部分资源综合利用产品及劳务适用增值税优惠政策。但在通知中与稀土循环利用相关的政策只有："以废旧电池、废感光材料、废彩色显影液、废催化剂、废灯泡（管）、电解废弃物、电镀废弃物、废线路板、树脂废弃物、烟尘灰、湿法泥、熔炼渣、河底淤泥、废旧电机、报废汽车为原料生产的金、银、钯、铑、铜、铅、汞、锡、铋、碲、铟、硒、铂族金属，其中综合利用危险废弃物的企业必须取得《危险废物综合经营许可证》。生产原料中上述资源的比重不低于90%。"因为目前稀土生产供应过剩、价格较低，稀土在我国还不是稀缺资源，这一政策也并未明确适用于稀土资源的回收利用。

在这个环节国家可以对企业用于回收废弃物的设备、技术创新方面的投资给予税收优惠；为鼓励企业购置除尘、污水处理和提高资源利用效率等方面的环保设备，可以对这类设备采用加速折旧的办法，对相关企业在企业所得税、产品流转税等方面给予一定的优惠，为循环经济的发展搭建平台。在征收稀土消费税的前提下，通过免除回收利用稀土产品的消费税，也可以促进废弃物的循环利用，从而减少一次资源的消耗。

4.4.4.5 对替代资源的开发环节

这个环节主要考虑给予稀土替代资源开发和稀土替代技术一定的财

税政策鼓励，从而降低对稀土资源的依赖。

4.4.4.6 财税政策在出口贸易环节的作用

我国规定从 1999 年起对稀土产品出口实施配额管理，从 20 世纪 90 年代开始，我国的稀土出口量呈现出不断上升的趋势，到 2003 年达到 7.35 万吨；但是相比之下稀土的出口均价却不断下跌，从 1996 年的 4 978 美元 / 吨跌至 2003 年的 3 272 美元 / 吨。此后为了加强对出口的限制，减少初级产品的出口，我国又相继出台了一系列政策。这些政策虽然在一定程度上加大了我国在国际稀土市场上的话语权，但是未能有效地遏制出口秩序混乱、走私日渐猖獗和配额被非法交易等问题。目前，我国的稀土出口产品已经有上百种，但税号只有 40 多个，部分产品和税号脱节，给监管造成严重影响。这些问题充分凸显了我国现有的稀土出口政策中存在的不足，财税政策是出口政策中重要的一环，必须加以调整。具体到财税部门来说，需要完善税号的设置，加强税收征收监察工作，对于偷逃税款的行为要进行严厉打击，要适当提高稀土出口税率。同时，可以考虑将出口限制从配额转向关税，避免出口许可证的转让和买卖等非法行为。

4.5 我国稀土产业可持续发展的财税政策的总体思路

本书针对稀土产业发展过程中存在的问题，并借鉴国外稀土产业发展战略，从资源利用、产业结构调整、技术创新、生态环境保护与恢复等方面提出我国稀土产业发展的财税政策总体思路（见图 4–2），以期解决制约稀土产业可持续发展的障碍，对我国稀土产业可持续发展产生积极的推动作用。

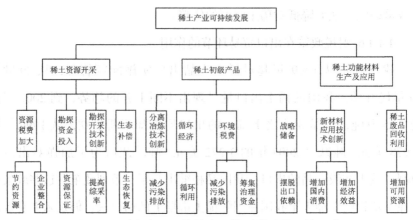

图4-2 稀土产业可持续发展的财税政策总体思路

4.5.1 开源节流并重，增加稀土资源的有效供应

稀土资源属于典型的不可再生矿产资源，会随着开采和使用而逐渐耗竭，在目前还没有更好的替代物的情况下，为了稀土产业的可持续发展，应坚持开源与节流并重的原则，增加稀土资源的探明地质储量和可使用量。

4.5.1.1 加大稀土资源勘探力度，增加国内可采资源储量

在我国稀土资源产业的发展初期，由于受地理、技术等条件的限制，基本上是按照先易后难的原则进行稀土勘探开发的，但随着几大易开发地区多年的持续开发，大部分稀土矿区已处于中后期阶段，可采储量不断减少。在这种情况下，需要建立健全矿产资源勘探投资机制，鼓励各类具备条件和实力的企业开展多层次、多渠道筹措勘探资金，加大地质勘查工作力度，从陆地、海洋多相并举，增加国内稀土资源储藏量。

4.5.1.2 实现可持续、有序开发，提高稀土资源整体利用率

在稀土资源的开采过程中应坚持保护性和综合开采原则，引导和鼓励开采企业研究和采用更为先进的开采工艺和技术，加强资源保护，提高稀土矿产中各种稀土元素的综合采出率，提高资源开采的整体效益，并注重生态环境保护。严控稀土开采资格审批，提高开采准入门槛，同时加大

执法力度，加强开采过程的监督力度，整顿规范稀土矿山开采秩序。制定科学的稀土资源保护、开发规划，合理有序开发稀土矿产资源，实现在开发中保护，在保护中开发。

在企业层面鼓励发展循环经济，实现稀土资源的可持续开发利用。在稀土产业结构调整和企业整合的基础上，促进稀土产业集群的形成。在集群内利用先进技术改造传统技术，促使企业节约稀土资源、提高资源综合利用率，从源头上减少资源消耗量；对冶炼分离过程中产生的废弃物品进行综合回收利用。在南北方通过兼并重组，淘汰不具备循环生产能力的中小矿产企业，形成以大企业为核心的产业集群，大力发展循环经济，实现稀土资源的高效利用、循环利用和废弃物的再生利用。通过政策引导，支持稀土应用技术研发和转化，提高稀土产品附加值，减少对资源及上游初级产品的依赖。

4.5.1.3 扩大国际合作，开发利用国外稀土资源

稀土资源在世界上并不稀少，只是能集中地成为可开采的稀土矿的不多，除中国以外，美国、俄罗斯、印度、南非、澳大利亚、加拿大、巴西、马来西亚、埃及以及越南等十几个国家稀土资源也非常丰富。这些国家稀土资源的发现与开发，将成为世界多渠道稀土供应体系的主要来源。我国应发挥稀土分离生产技术和资金优势，开展国际合作，开发利用国外稀土资源。

4.5.1.4 建立和完善国家稀土战略储备体系

在稀土战略储备体系建立方面可以借鉴日本的经验，采取国家与民间联合收储的新模式和新机制，并形成动态储备，以适应国内外稀土市场的变化，提高国家应变能力，调控稀土市场价格，保障国家战略需要，降低战略储备的风险。稀土资源战略储备可以主要采用以下三种方式。

一是矿石型储备，是指对含有稀土元素的矿石进行资源地储备，只探不采，待开采技术更加成熟后再开采，既可以储备矿产资源，又可以保护生态环境，这是保护稀土资源的最直接有效的方式。

二是精矿储备，是指利用我国先进的稀土分离技术，将稀土矿山开采出来的矿石原料及尾矿坝经过分离提纯后的精矿并加以储备。

三是产品储备，是指将稀土精矿经过冶炼分离而产出单一稀土氧化物并加以储备。

稀土战略储备体系的建立，可以减弱我国稀土出口依赖，保证稀土价格的稳定。这样国内的稀土企业就可以把精力投入到稀土应用技术的研发、环境保护治理和生态恢复中，提高稀土经济效益和社会效益，进而促进整个稀土产业及资源地的可持续发展。

4.5.2 促进稀土产业集群的形成

4.5.2.1 稀土产业集群是实施循环经济的最适宜的组织形式

最大限度地利用资源是循环经济的根本思想，资源的完全循环利用单靠企业内部的循环很难实现。单个企业可以根据生态效率的理念，在企业层面上减少产品和服务的物质消耗量、减少产品和服务的能源消耗量、减排有毒废物、加强物质循环，并最大限度地、可持续地利用各种可再生资源，逐步提高产品的耐用性。但是，由于单个企业生产规模小，可再生利用资源或废物的排放数量达不到经济利用的规模，清洁生产的动机很难在企业内部彻底形成。即使企业有消化治理的动机，也囿于企业生产技术能力和专业化的限制，很多资源也很难在单个企业内部彻底消化。

在一个区域内围绕稀土资源的开发形成产业集聚，并发展出稀土优势产业，在核心企业引领下通过产业链延伸最终形成稀土产业集群。这类产业集群的一个最突出的特征就是上游企业的废弃物往往是其他企业的原材料，通过产业链延伸把稀土企业连在一起，上游企业的废弃物或副产品通过市场交易成为其他企业的原料，建立工业衍生和代谢生态链关系。这样，不仅降低了治理污染的费用，而且企业也获得了可观的经济

效益。❶

　　企业的集中也使污染源在一定区域内集中，可以集中配备和使用治理污染设备，便于对"三废"的统一收集、治理和利用。同类企业所排放的污染物一般在种类和性质上具有同质性或相近性。在这种条件下的集聚提高了废弃物的浓度和综合回收利用的价值，也使废弃物回收利用或治理成本大大降低。

　　稀土产业在稀土资源富集地区集聚与其循环经济的发展相互促进。稀土产业产生的废弃物中成分复杂，要实现废弃物的综合利用，需要多个不同生产性质的企业共同构建循环经济产业链，产业集群为废弃物的综合利用提供了保障。这就使循环经济发展成为促使稀土产业在稀土资源富集地区集群形成的一个因素。稀土产业集群与许多其他类型的产业集群有显著不同的特点，即它是多个不同相关产业在一个工业园区或在一定区域内形成的集群，并且存在核心产业，在这个核心产业的主导下，其他产业可以利用核心产业所提供的生产资料和生产排泄物进行生产。为了消除环境污染问题，稀土产业集群内的大企业普遍采取循环经济生产模式。❷循环经济生产模式大大降低了集群内企业利用废弃物再生产的成本，同时也获得了循环经济带来的利益，为集中治理污染提供了条件。在对治理和防治污染的费用与循环利用废物的成本收益进行比较后，选择循环经济生产模式，是在外部稀缺资源和制度、政策、法规约束下企业的自发行为。

4.5.2.2　稀土企业兼并整合，形成产业集群

　　我国稀土产业整体水平还处于价值链的低端，在建设创新型国家的时代大背景下，急需形成由核心企业引领、一大批中小企业和相关组织组成的分工协作的产业集群，以发挥产业集群的规模经济效益和扩散效应，推动稀土产业技术创新和结构调整。

---

❶ 王岩，初春霞．矿产资源型产业生态产业体系形成的经济机理研究［J］．内蒙古财经学院学报，2006（5）：21-25.
❷ 穆书涛．小企业污染防治的新思路［J］．生态经济，2005（08）：60-62.

在 2011 年 5 月发布的《国务院关于促进稀土行业持续健康发展的若干意见》中明确提出，"支持大企业以资本为纽带，通过联合、兼并、重组等方式，大力推进资源整合，大幅度减少稀土开采和冶炼分离企业数量，提高产业集中度，推进稀土行业兼并重组要坚持统筹规划、政策引导、市场化运作，兼顾中央、地方和企业利益，妥善处理好不同区域和上下游产业的关系"。

稀土产业经过多年的发展和改革调整，产业结构得到了一定程度的优化，但目前行业内产业结构不合理、发展方式粗放、生态破坏和环境污染严重等问题仍然十分突出，严重影响了产业的可持续发展。要从根本上解决这些问题，就必须在产业结构优化升级上取得更大的突破。在稀土企业进入环节，以可持续发展为目标，提高行业门槛标准，严禁不符合市场准入条件的企业和项目进入；对生产工艺落后而又不具备改造升级能力的企业可以要求限期退出稀土行业，促进稀土资源与技术、人才向优势企业集中，不断强化稀土企业自身实力与市场化动作水平，减少行业恶性竞争，推动以大企业、大集团为核心和主导的稀土产业集群的形成，从而提高整个行业的技术水平、环保治理能力和国际市场竞争力。

4.5.3 发展稀土产业循环经济

《国务院关于促进稀土行业持续健康发展的若干意见》中明确提出，"发展循环经济，加强尾矿资源和稀土产品的回收再利用，提高稀土资源采收率和综合利用水平，降低能耗物耗，减少环境污染"。

通过循环经济产业链条的建立，稀土产业可以实现生产排放物的循环利用，而且在获得经济效益的同时，还可以实现生态效益和社会效益。实现途径主要有两个方面。

第一，基础是技术研发。稀土产业在稀土分离和冶炼的生产过程中都会产生大量的固体和气体排放物，而因相应的利用技术的缺乏或基本废弃不用，资源浪费和环境污染就不可避免，而且，企业也要因此承担废物处理费用。废弃物的再利用和资源的深加工都需要新技术的支撑。随着产业链向高端应用延伸，也必然要求更高的技术作为保障。

第二，企业规模和投资能力是同时获得经济效益和生态效益的重要保证。稀土产业比较大规模的集群投资能够产生更大的经济效益和生态效益。主要原因是，稀土产业投入的设备专业性比较强，稀土初级产品的用途又比较单一，排放物量大而且容易造成严重的污染，这就使稀土产业在市场机制调节、政府的环境监管和宏观经济政策调节中面临比较大的风险。较小规模的企业，生产过程中产生的排放物总量少，不利于综合利用；而且小规模企业也不具备技术研发和治理污染的能力，其抵抗市场风险和政策风险的能力也较低。所以，小规模企业在资源价格低廉和缺少环境管制的条件下，仍然可以生存，但是为了在短期内换取利润，小企业必然会选择简单投入，进行初级产品生产，急功近利的行为必然加剧资源浪费和环境污染。而大企业有能力和动力对排放物的综合利用技术进行研发，通过对排放物的集中利用和产品的深加工，可以最大限度地节约资源使用成本和治理污染的成本。因此，只要相关资源和产品之间有合理的价格体系，有追求环境保护的外部制度和政策的约束条件，小企业就很难持续发展，而大企业必然选择可以带来经济效益、生态效益和社会效益的循环利用生产排放物的生产模式。

循环经济实质是一种生态经济，它是一种比传统生产方式更高级的生产方式，所追求的目标不单单是最大化的经济效益，还包括对生态效益和社会效益最大化的追求。对于稀土产业而言，获得生态效益和社会效益的基本途径是稀土资源的节约和多种稀有元素的综合开采、生产过程中排放物的循环利用、废弃物品中稀土的回收利用，而能否实现循环利用，归根结底是受经济效益的制约。这是因为企业要在市场中生存和发展，它的行为主要依靠利益机制的引导，所以，基于循环经济的企业行为目标依然是追求以最小成本获得最大的经济效益，但是和传统的市场经济有所区别的是，成本最小和效益最大包含减少资源消耗、实现生态效益最大等因素。因此，在循环经济模式下，企业在实现经济效益最大化的同时，也必然产生对生态环境效益和社会效益最大化的追求。

稀土产业循环经济发展的关键是通过采用和推广新工艺和新技术，降低发展过程中对稀土资源的消耗和浪费，只有依靠技术创新，才能推动循环经济的发展；加强稀土相关技术的创新和新技术在稀土行业的应用，包括稀土开采技术、分离冶炼技术、环境工程技术、清洁生产技术、废弃物回收利用技术等在内的循环经济技术支撑体系的研发和建立，推动稀土产业在技术、工艺设备及管理方面的循环化改造，推动企业实现资源的有效梯级利用，促进产业集聚，形成物质高效循环。

4.5.4 延伸稀土产业链，逐步建成完整的稀土工业体系

我国稀土产业目前的基本情况是上游发展快、下游发展慢，中、上游产业比重大、利润低，下游产业比重较小，自主创新不足，产业链不完整。我国稀土产业大部分还主要在稀土初级产品的冶炼分离环节，而稀土产业的高附加值产品集中在下游的应用产业，使得稀土资源开发对区域经济的带动作用没有发挥出来。我国稀土产业资源开发的低效益和高环境成本并存，面临陷入"资源诅咒"困境的危险。因此，实现稀土产业可持续发展的重要环节就是延伸和完善稀土产业链，推进产业内部结构的优化升级，逐步建成完整的稀土工业体系。

根据稀土产业链结构图（见图 4-3），延伸稀土产业链的方向是：一方面，通过对稀土产业进行产业纵向发展和技术改造，优化工艺路线、调整产品结构，延伸和拓展稀土产业链，重点是在整合稀土原材料产业和深加工产业，确保稀土资源和初级材料供应的基础上，加快发展稀土功能性产品和延伸产业，尽快形成完整和合理的稀土产业集群；另一方面，实现稀土矿产资源共伴生资源的综合利用及废弃物品的减量排放，实现经济、资源以及生态环境的可持续发展。

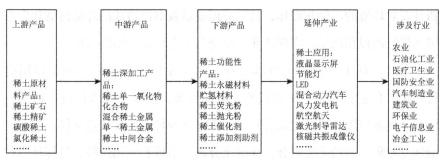

图 4—3　稀土产业链结构图

4.5.5 加大技术创新力度

技术创新对稀土产业可持续发展具有重要意义。从稀土的资源保证上看，技术进步可以提高稀土矿产资源的勘探开发水平，可以发现新的稀土矿藏，还可以提高稀土矿的综合采收率，使不适宜开发的资源具备可开发的经济价值，并可探索开发海洋和海岸稀土资源，从多种途径增加中国稀土资源的供给量；从稀土分离冶炼上看，可以利用先进技术和提取工艺流程进行技术改造，加快淘汰生态破坏、环境污染严重，以及效率低的落后生产工艺和生产线，降低资源消耗，减少废弃物排放；从应用的角度看，可通过科技创新和政策扶持，引导企业投向稀土应用技术的研发和产业化，大力开发稀土深加工和综合利用技术，不断拓展新的应用领域，通过对新一代稀土分离流程和工艺、各领域应用等的研究来提高稀土资源的利用率，减少资源消耗，降低稀土替代和利用新材料的成本，加快节能、环境治理、生态恢复和废物再生利用技术的应用，实现产业的可持续发展。

4.5.6 保护环境，恢复生态

我国稀土产业可持续发展的另一个重要原则就是要在资源开发和利用的整个过程中保护好生态环境，坚持保护与开发并重，坚决改变先开发后治理、先污染后治理的传统发展观念，通过完善生态环境保护相关政策制度，在稀土资源价格形成上全面考虑环境成本，一方面最大限度地减少新开发对环境的污染和破坏，另一方面要重视对已造成的环境污染和生态破坏进行治理和恢复，实现产业、经济与生态环境的协调发展。

　　总之，稀土产业的可持续发展，需要在稀土资源开采阶段运用财税政策，包括权利金、矿业权费、资源税等，使稀土资源价值得以全面体现，促进资源的节约、综合开发利用，并为稀土资源价值补偿、生态环境恢复筹集一定的必要资金；在稀土分选、冶炼和应用阶段，发挥环境税费的作用，促使企业绿色环保生产，并为污染治理和环境恢复筹集资金；同时构建生态补偿机制，对废弃矿山和正在开采矿山的生态环境进行治理和恢复；在整个产业链内支持技术创新，发挥财政的支持和引领作用，调动各方积极性，大力发展与稀土的开采、分选、冶炼、应用及环保、生态治理相关的技术创新，为稀土产业的可持续发展提供技术支撑（见图4-4）。

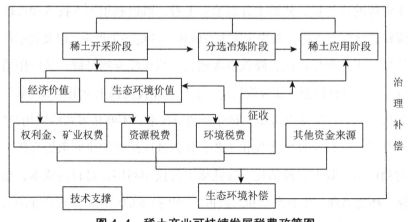

图4-4　稀土产业可持续发展税费政策图

4.6 本章小结

　　（1）我国市场机制还有待完善，对促进产业可持续发展存在不足：第一，市场不能完全符合可持续发展对自然资源的最优利用；第二，市场对环境污染等外部性问题的解决缺乏效率；第三，市场对稀土技术进步推动乏力。由于市场存在这些缺陷，需要非市场的力量加以弥补和纠正，而政府正可以积极发挥作用。

（2）在尊重市场经济发展规律的前提下，在可持续发展中政府主要发挥倡导者、组织者和推动者的作用。为了解决外部性问题和公共物品问题，缓解经济波动，促进经济发展，政府在必要时可以以适当的方式影响社会经济的运行。

（3）稀土产业的发展存在负外部性，对国家技术创新具有重要意义及较强的战略意义，地方政府和企业行为的短期性等重要特征为政府介入稀土产业可持续发展提供了基本的理论依据。

（4）本章对财税政策的功能以及财税政策支持稀土产业发展的必要性进行分析，政府运用包括税收、政府采购、公共投资、转移支付等主要政策工具发挥资源配置、收入分配、调节经济和监督管理职能。

（5）本章对财税政策支持稀土产业的主要领域和作用环节进行了梳理。建议加大对稀土技术创新和专业人才培养的财税政策支持，不断提高企业的自主创新能力；加大对稀土储备领域的公共财政投资，完善我国的稀土储备体系；加大对稀土产业在环保领域的财税政策支持力度，实现经济利益和生态利益的协调统一。在稀土的开采、分选、冶炼、应用和出口各环节发挥财税政策的作用，综合运用财税手段解决稀土产业存在的问题。

（6）最后，本章进一步提出开源节流并重，增加稀土资源的有效供应，促进稀土产业集群的形成，发展循环经济，延伸稀土产业链，逐步形成完整的稀土工业体系，以及加大技术创新力度、保护环境、恢复生态等稀土产业可持续发展的财税政策总体思路。

5 稀土产业可持续发展的资源环境税费体系构建

稀土资源的可持续利用是我国稀土产业实现可持续发展的重要环节。稀土资源型经济发展政策的制定，应着眼于未来的长远利益和综合利益，而不能只顾眼前利益。因为稀土资源被开发利用以后，需要一个相当漫长的资源再生期，而且还存在生态恢复与环境治理等负外部性问题。本章针对上一章对我国稀土产业发展中存在问题的分析，通过对稀土资源价值及其价值实现的再认识，结合现行稀土资源税费政策，提出调整稀土资源税费政策的建议。政府应运用资源税费政策，全面反映稀土资源价值，提高资源开采环节的税费负担，促进稀土资源的节约和综合利用，并为稀土资源的勘探、开采及生态治理和恢复筹集资金，促进稀土资源的可持续发展。

随着稀土产业的发展壮大和国内环境保护形势的日益严峻，现行稀土产业的环境保护税费制度还存在诸多问题，未能全面发挥其宏观调控的效能。因此，本章从政府环境保护的政策工具分析入手，对环境税费制度中存在的问题和原因进行归纳分析，并在此基础上提出关于我国稀土产业可持续发展的环境税费政策的可行性建议。

本章主要讨论与稀土资源相关的资源环境税费问题，未涉及增值税、所得税、城建税等相关税种。

5.1 稀土资源价值的再认识

近几年，随着稀土在各行业的广泛应用，稀土行业尤其是稀土的开采和初级产品冶炼过程中的环境问题日益突出，围绕稀土资源开发的讨论迅速升温。为了有效保护和合理利用稀土资源，有序开发稀土资源、保护环境，促进稀土行业可持续健康发展，国家各相关部门出台了多项调控政策。

政府当前对稀土行业的政策调控，实质上大多以配额制为手段，通过控制出口量来改变市场供求关系，这样的做法显然与 WTO 的基本原则相违背。自从 2008 年推行稀土出口配额制度以来，美国、欧盟、日本等国家和地区针对中国的稀土出口贸易诉讼和争端不断。即使忽略国际贸易上的争端，仅关注国内市场，单一的配额管治方法也难以达到可持续发展的政策目的。因此政府需要重新认识稀土资源价值构成，改革稀土产品价格形成机制，调整制定更加科学合理的资源税费政策，逐步实现稀土价值和价格的统一。

5.1.1 稀土矿产资源的价值构成

稀土矿产资源在工业化加速与可持续发展理念下是一种特殊经济资源，同时稀土矿产资源的开发利用又与生态环境密切相关。从价值补偿的角度来说，可持续发展的矿产资源价值观认为矿产资源价值的补偿不仅包括有形消耗部分，而且还包括生态功能的恢复与重建。因此需要从马克思的劳动价值论和西方的效用价值论、稀缺论等多角度、多层次扩展，综合考虑稀土资源的价值构成。在具体构成上，稀土矿产资源的价值可以从经济价值和生态环境价值两方面划分为天然价值、人工价值、代际补偿价值和外部性补偿价值（见表 5-1）。

表 5-1 稀土矿产资源的价值构成				
经济价值	天然（产权）价值	自然形成	租（金）	国家
	人工（生产）价值	人类劳动	价	市场
	代际补偿（不可再生）价值	不可再生		政治
生态环境价值	外部性补偿价值	资源开发的外部性	税	权力

资料来源：王萌.资源税研究［M］.北京：经济科学出版社，2010.

5.1.1.1 天然价值反映的是稀土矿产资源的产权价值

稀土矿产资源是天然形成的、没有经过人类劳动加工而本身所具有的价值，其大小取决于矿产资源自身的丰饶程度、品质以及所处的地理位置等因素。稀土矿产资源具有天然价值是因为它有使用价值或有用性，因此，天然价值反映的主要是矿产资源的产权价值，其所有权通常归国家所有。

5.1.1.2 人工价值主要反映稀土矿产资源的生产成本

人工价值是人类在开发利用矿产资源过程中投入劳动形成的价值，其大小由投入的社会必要劳动时间决定。劳动使矿产资源变成矿产品，其天然价值得以增值，可以在市场上进行交易，使其价值得以实现。

5.1.1.3 补偿价值包括代际补偿价值和外部性补偿价值

稀土矿产资源是不可再生资源，当其没有被开发利用时，它所处的地质生态环境也具有价值。稀土矿产资源一旦被开发利用，一方面会对环境造成一定的损害，具有显著的外部性，如在稀土的开采过程中会给周围环境、土地、水、生物等造成损害，直接危害生态环境，必须进行修复和治理，其恢复成本需要体现。另一方面，当代人对稀土矿产资源的使用会造成后代人同种矿产资源使用的减少或丧失，后代人发现和开采矿产资源或寻找替代矿产资源的难度加大，成本增加。比如，因常规能源逐渐减少，人们开始大规模使用核能，一些国家又在加大可燃冰的勘探和利用的研究，但这些资源的利用也伴随着极大的安全隐患。不论是代际补偿价值还是外部性补偿，这两方面的成本增加都需要合理的价值补偿，而开发企业因其自身所具有的趋利性，又没有自愿补偿的动力，因此需要国家这一产权主体加以干预。

5.1.2 对马克思矿租理论的认识

5.1.2.1 对马克思矿租理论的基本认识

马克思把地租分为绝对地租和级差地租。绝对地租是指任何土地都必须缴纳的那部分地租，它与土地的肥瘠、位置等没有关系，是劣等土地的地租，是因为土地所有权的垄断形成的。级差地租是不同土地或同一土地因土地肥力、相对位置或开发程度不同而形成的地租。

马克思说："真正的矿山地租的决定方法，和农业地租完全一样。"❶也就是说，矿租也可分为级差矿租和绝对矿租。

绝对矿租是基于矿产资源国家所有而产生的，它与矿产资源的丰度、地理位置、开采条件等无关，是开采任何资源的起点矿租，也是矿产资源天然价值或原始价值的体现。

级差矿租是由于矿产资源的丰度、赋存条件、开采条件、外部环境等的不同而产生的，级差矿租又包括级差矿租Ⅰ和级差矿租Ⅱ两部分。级差矿租Ⅰ是因矿产资源自身的优劣情况，也即由赋存情况及所处地理位置而体现出来的、较同类矿产品在价格上具有的天然优势而产生的。级差矿租Ⅱ是对同一矿床连续进行投资而使劳动生产率、开采率提高，进而获得超额利润，这部分利润主要不是靠矿产资源的自然形成而是靠开发企业的后期追加投资而形成的，因矿产资源的垄断经营又会获得超额利润，进而产生垄断矿租。

5.1.2.2 马克思矿租理论没有全面反映矿产资源的价值

矿租理论中的绝对矿租、级差矿租对应的是矿产资源的天然价值，因矿产开采而带来的环境补偿和恢复成本、代际补偿成本没有得到足够的重视和反映。

5.1.2.3 矿产资源价值构成中不能缺少地租

矿产资源是赋存于地表或地下的，对矿产的勘探与开发同时也意味着对所依附的土地的使用。❷对矿产资源的开采离不开对土地的占用，矿产开发企业必须同时拥有矿产资源所在地块的土地使用权和矿产资源的开

---

❶　马克思.资本论：第三卷［M］.北京：人民出版社，1975：730.
❷　樊纲，张晓晶，魏强，等.中国经济再平衡之路：内外均衡与财税改革［M］.上海：远东出版社，2010：141.

采权，才能进行开采。在矿产资源的价值构成中必须包括矿产资源所依附土地使用权的价值，即地租，而且应根据不同区块位置、土地性质确定绝对地租及级差地租。

5.1.3 西方经济学理论对租金的认识

西方经济学理论中关于租金的理论，包括经济租、稀缺租和霍特林租。对三者的含义和相互关系的研究，可以作为我国资源税和矿产资源补偿费的经济性质论证的一个基础。

5.1.3.1 经济租

经济租在新古典主义经济理论框架下只不过是经济分析过程中的一个概念，是一个不具有严格内涵的价值量。它的量的大小，一般认为在长期中等于补偿要素的价格超过其机会成本部分和超额利润之和，也可以把产品生产者获得的超额利润称为经济租。经济租在非完全竞争的市场结构中反应比较突出，比如处于垄断地位的资源类产品市场里的超额利润就可以称为经济租。❶

5.1.3.2 稀缺租

稀缺租是一个有效衡量资源稀缺程度的指标，尤其是当边际开采成本基本不变时，未来资源越少，资源越稀缺，稀缺租金为正，表明未来可用资源所能获得的收益就越大。这与马克思所说的绝对地租类似，它所起到的作用有时是价格这一指标无法表现的。稀缺性租金作为对资源所有者的必须支付，在大多数国家表现为矿区使用费和权利金或者与我国现行的矿产资源补偿费相类似的形式。❷

5.1.3.3 霍特林租

经济学家哈罗德·霍特林在矿产资源耗竭理论的基础上，说明了资源不可再生性对资源价格的影响。他认为矿产品生产企业的成本包括一个机

---

❶ 陈文东．租金理论及其对资源税的影响［J］．中央财经大学学报，2007（6）：1–5.

❷ 陈文东．租金理论及其对资源税的影响［J］．中央财经大学学报，2007（6）：1–5.

会成本，它意味着现在产出的增加是以未来资源开采量的减少为代价，这种机会成本是现在资源开采量造成未来利润量减少的折现值，因此这一机会成本，也就是追求利润最大化的企业所要考虑的使用者成本，即霍特林租。它是稀缺租在矿产资源产业中的具体表现。❶

5.2 稀土资源价值的实现

亚当·斯密认为，君主或政府有两种收入来源：一是公共资源和土地，二是税收。马克思认为，国家通过财产所有权和政治权力两种权力参与社会产品分配。具体到稀土矿产资源，国家主要体现为矿产资源所有者、公共事务管理者两种基本身份。国家依据不同身份参与矿产资源收益分配和管理，规范和协调利益各方关系，实现矿产资源优化配置及代际、代内公平。稀土矿产资源价值的实现如表 5-2 所示。

表 5-2　稀土矿产资源价值的实现

名称	产生原因	实现形式	分配
绝对矿租	矿产资源所有权垄断	矿产开采金（权利金，包括矿业权价款和使用费❷）	国家❸
级差矿租 I	赋存条件差异、经营权垄断		
级差矿租 II	开采者追加投资	利润	企业
补偿价值	外部性和代际损失	矿产资源税	中央和地方
垄断矿租	垄断利润	矿产增值税（暴利税）	中央和地方

5.2.1 国家作为矿产资源所有者利益的实现

5.2.1.1 矿地租金

矿地租金是指因从事矿产资源开发等相关活动使用了土地而向国家支付的土地使用费，也称为土地使用税、占用费等。矿产资源开发所占用

---

❶ 段延锋. 从地租理论看资源税改革 [J]. 合作经济与科技，2012（4）：70-71.

❷ 矿业权价款和使用费是否归入权利金统一征收，目前存在争议，从长期看，为减少征收项目，建议合并征收。

❸ 目前矿业权价款和使用费由中央和地方按管理权限分别征收或共享，如改成权利金后可实行中央与地方按比例分享。

的土地包括耕地、草场、荒地、滩涂、森林等，因为土地属于国家或集体所有，不论占用的土地归谁所有都应给予一定的补偿。矿地租金一般是按该活动使用的土地面积计算，每年缴纳。总体而言，各国一般都对地面租金确定一个相对较低的单位数额，其目的一方面是为取得一定的收入，另一方面也可以防止投资者长期占用土地而不进行勘查或开采活动。❶

5.2.1.2　矿产开采金

为了维护国家矿产资源所有者的权益，进而实现对矿产资源高效而公平的代际配置，国家凭借其对矿产资源法定所有权而对矿产资源开发利用者收取一定的租金，也即部分国家征收的权利金。矿产开采金要实现的是矿产资源的绝对矿租和级差矿租Ⅰ，因此这部分收入既应包括向所有资源都收取的基础开采金即绝对矿租，也包括体现矿产资源天然差异的级差矿租Ⅰ而应收取的级差开采金，也就是说，在对矿产资源普遍征收基础开采金的基础上，对于因赋存条件、资源品位、交通状况及开采条件等天然条件好的矿产资源再收取一定量的级差开采金。而级差矿租Ⅱ是开采企业对同一矿床连续进行投资而使劳动生产率、开采率提高，进而获得的超额利润，这部分利润不是矿产资源自然形成的，而是靠开发企业的后期追加投资而形成的，国家应给予鼓励，因而级差矿租Ⅱ应留给开发企业。

5.2.1.3　矿业权❷费

矿产资源大多埋藏在地下，不经过勘查就不能认识矿产资源的价值，它的价值不经过开发也不能够实现。这就产生了矿业权，也就是探矿权和采矿权，也称为矿产资源的使用权。矿业权是通过矿业权人的投资，消耗大量的活劳动与物化劳动取得的，它也创造了自己的价值，即矿业权价值。只是这个价值是依附于矿产资源之上，是在矿产资源天然价值基础上的增值。❸

---

❶　施文波，贾康.中国矿产资源税费制度的整体配套改革：国际比较视野［J］.改革，2011（1）：5–20.

❷　探矿权和采矿权统称为矿业权。

❸　王希凯.论矿产资源作为生产要素的权益所得［J］.中国国土资源经济，2011，24（5）：4–8.

矿业权费的产生是因为国家拥有矿产资源的所有权，对矿产资源进行保护、勘探，并创造了可以开采的条件，包含国家投资，从而形成了国家资产或产品，一般需要在市场上通过公开竞价收回。

5.2.2 国家凭借政治权力征收的税

税收是国家凭借政治权力，以社会公共事务管理者的身份，按照法律的规定标准取得财政收入的一种形式，具有强制性、无偿性、固定性的特征。政府凭借国家强制力参与社会分配，除取得财政收入的职能外，还可以对经济行为进行必要的调节，有目的地对社会经济活动进行引导，从而合理调整社会经济结构。

5.2.2.1 矿产资源税

一方面，由于矿产资源开发会造成生态环境的破坏，生态恢复需要资金支持，而开发企业在利益的驱动下，没有进行生态治理和恢复的积极性，也就是经济学上所说的因负外部性所造成的市场失灵；另一方面，矿产资源在当代开采会影响下一代使用，也就是代际不公平，也需要进行补偿。征收矿产资源税主要为解决正在开采的生态环境恢复和代际补偿的部分资金问题。

国家实行普遍征收，将一切矿产资源都纳入征税范围，所征税收入全部用于矿山开采的环境治理和生态恢复。不同地区可根据不同矿种对生态环境的破坏程度确定不同的税率，其征收数量应以满足生态恢复为限，具体可将因资源开采造成的地质塌陷、道路破坏、水体污染等的相关补偿费全部纳入，统一考虑。

5.2.2.2 矿产增值税 ❶

在矿产品市场价格大幅上涨期间，矿产资源开发经营者会获得矿产资源经营权垄断带来的非正常的高利润或称垄断矿租。这种非正常高收益，

---

❶ 蒲志仲.中国矿产资源税费制度：演变、问题与规范［J］.长江大学学报（社会科学版），2008，31（1）：76–83.

是市场机制作用下矿产品利用和消费者利益向矿权人转移的结果。因此，应对这种非正常高收益征收类似于土地增值税性质的矿产增值税。按累进税率向矿产资源开发经营者征收，实质是对垄断矿租的调解。

稀土矿产资源价值的实现主要应采取以上所列的租金和税收的形式，通过立金、清费、正税等手段，避免租、税、费混收的局面，逐步清理规范，既可使矿产资源的价值得以完全实现，又能够起到合理开发资源、保护环境、节约资源的目的。

5.3 稀土资源税费的现状

我国现行的稀土资源税费主要包括矿业权使用费和价款、资源税、资源补偿费、各相关管理部门在稀土开发环节征收的环境治理性收费等（见表5-3）。

表5-3 稀土资源税费情况表				
名称	征收依据	征收目的	归属	征收机关
矿业权价款	所有权	补偿国家地勘投入	中央与地方按2∶8分成	地矿部门
矿业权使用费	所有权	矿业权有偿取得		地矿部门
矿产资源补偿费	所有权	矿产资源勘查和保护	中央与地方按5∶5（省、直辖市）和4∶6（自治区）分成	地矿部门
资源税	政治权	调节资源级差收入	地方	地税部门
综合规费	特殊行政服务	水土保持设施补偿及水土流失防治费、排污费、森林植被恢复费、土地登记费、临时占地使用费等	地方	各分管部门

5.3.1 现行稀土资源税费的构成

5.3.1.1 资源税

资源税是为了调节资源级差收入并体现国有资源有偿使用而征收的

税种。资源税设置的目标是保护和促进自然资源的合理开发与利用，调节资源级差收益。稀土资源税属于地方税，依据矿产资源的国家所有权征收，从这一点上看与世界上大多数国家资源税费主体的权利金或矿产开采金类似。

按财政部、国家税务总局联合下发的《关于调整稀土资源税税额标准的通知》（财税〔2011〕22号），自2011年4月1日起，统一调整稀土矿原矿资源税税额标准。调整后的税额标准为："轻稀土，包括氟碳铈矿、独居石矿，60元/吨；中重稀土，包括磷钇矿、离子型稀土矿，30元/吨。"文件中还明确规定："开采与铁矿共生、伴生的氟碳铈矿、独居石矿等稀土矿，除征收铁矿石资源税外，按上述规定税额标准征收稀土资源税。"资源税税目税率见表5-4。

表5-4　资源税税目税率表

税　目		税　率
一、原油		销售额的5%～10%
二、天然气		销售额的5%～10%
三、煤炭	焦煤	每吨8～20元
	其他煤炭	每吨0.3～5元
四、其他非金属矿原矿	普通非金属矿原矿	每吨或者每立方米0.5～20元
	贵重非金属矿原矿	每千克或者每克拉0.5～20元
五、黑色金属矿原矿		每吨2～30元
六、有色金属矿原矿	稀土矿	每吨0.4～60元
	其他有色金属矿原矿	每吨0.4～30元
七、盐	固体盐	每吨10～60元
	液体盐	每吨2～10元

资料来源：2011年9月30日《国务院关于修改〈中华人民共和国资源税暂行条例〉的决定》。

5.3.1.2　矿产资源补偿费

矿产资源补偿费是基于国家对矿产资源的所有权而征收的。矿产资源补偿费是指国家作为矿产资源所有者，依法向开采矿产资源的单位和个人收取的费用，与大多数国家普遍征收的权利金类似。国家实行从价计征，以矿产品销售收入为征税依据，辅以矿山开采回采率系数。目前矿产资源补偿费率表中规定：镧、铈、镨、钕、钐、铕、钇、钆、铽、镝、钬、铒、铥、镱、镥费率为3%，离子型稀土费率为4%。矿产资源补偿费由地质矿产主管部门会同财政部门征收。矿产资源补偿费收益中央与省、直辖市按5∶5的比例分成，中央与自治区按4∶6分成。矿产资源补偿费纳入国家预算，实行专项管理，主要用于矿产资源勘查，有明确的使用方向。

5.3.1.3 探矿权价款和采矿权价款

探矿权价款和采矿权价款是为补偿国家地勘投入而收取的。探矿权价款和采矿权价款统称矿业权价款，是指国家将其出资勘查形成的探矿权或采矿权出让给矿业权人，按规定向矿业权人收取的价款。具体是指中央和地方人民政府探矿权、采矿权审批登记机关通过招标、拍卖、挂牌等市场方式或以协议方式出让国家出资（包括中央财政出资、地方财政出资和中央财政、地方财政共同出资）勘查形成的探矿权、采矿权时所收取的全部收入以及国有企业补缴其无偿占有国家出资勘查形成的探矿权、采矿权的价款。这两部分具有红利的征收特征。

矿业权价款按照国家有关规定，可以一次缴纳，也可以分期缴纳。但探矿权价款缴纳期限最长不得超过两年，采矿权价款缴纳期限最长不得超过十年。探矿权价款和采矿权价款收入按固定比例分成，其中20%归中央所有，80%归地方所有。

5.3.1.4 探矿权使用费和采矿权使用费

探矿权使用费和采矿权使用费是为体现国家矿业权有偿取得制度而收取的。我国实行探矿权、采矿权有偿取得的制度。探矿权使用费以勘查年度计算，逐年缴纳。采矿权使用费按照矿区范围的面积逐年缴纳。探矿权使用费与采矿权使用费的实质是矿山勘探开采占用土地的地面租金。

5.3.1.5 各项规费

各项规费具体包括各行政主管部门负责征收的诸如水土保持费、水土流失防治费、森林植被恢复费、排污费、临时占地费、工商管理费等。除以上有法可依的税费外,我国南方的一些地区还普遍征收稀土稽查费、镇村管理费、政府调控基金等费用;此外,有些地方的稀土采矿权人还收取了管理费和矿权收益。

5.3.2 现行稀土资源税费存在的主要问题

资源税费是政府直接影响矿产资源消耗情况的一项十分重要的调控措施,它在提高矿产资源开采效率和利用效率,促使经济与资源协调发展,构建资源节约型、环境友好型社会等方面有着其他调节方式不可替代的重要作用。

稀土是矿产资源的一个特殊矿种,稀土资源税费政策也在我国资源税费总体政策调整范围之内。因为稀土资源具有一定的特殊性,在大的政策范畴内可以进行局部的有针对性的调整。经过近 30 年的发展,我国现行的稀土资源税费制度与国外通行的税费制度有部分相似之处,如矿业权使用费类似于矿地租金,矿业权价款类似于红利,资源税和资源补偿费都具有权利金的性质,对石油开采征收的特别收益金也类似于资源租金税,但在具体的制度设计上则与国际通行做法有着很大的差距。❶

从总体上看,我国现行稀土资源税费制度还不够完善,对稀土资源的特殊性考虑不足,还没有很好地发挥其应有的作用。

5.3.2.1 稀土资源税费征收项目混乱,规费项目多,税收项目少

稀土资源类企业的资源税费除了按国家统一规定征收的资源税以外,都以各种费的形式和名称由各个主管部门征收,包括矿管、水保、国土、林业、工商和环保等多个部门征收的多达十余种。随着稀土价格近年的大幅上涨,地方政府及各政府部门纷纷以加强管理为由征收各种名目的规费,许多规费项目的征收无相应的法规依据,征收随意性大、简单化、

---

❶ 施文泼,贾康.中国矿产资源税费制度的整体配套改革:国际比较视野[J].改革,2011(1):5-20.

不规范，税费混杂。这一方面加大了稀土资源企业的负担，在利益驱使下企业盲目扩大生产，无暇外部性治理；另一方面挤占了正规税费筹集财政收入、调节企业收入及其环境治理作用的空间。

5.3.2.2 稀土资源税费体系不完善，各部分的目标不明确，功能界定不清

我国资源税和矿产资源补偿费的性质作用趋同，且关系紊乱。作为我国矿产资源税费体系的主体，两者征收依据相同，都是矿产资源的国家所有权，只是在设立目的上有所区别。矿产资源补偿费设立的目的是为了补充国家地质勘探投资资金来源的不足；而资源税设立的目的主要是为了调节资源开发过程中的级差收入，征收对象既包括开采优质矿产资源的企业也包括开采劣等矿产资源的企业，也就是说，其实际的调整对象既包括来源于级差矿租I的级差收益也包括来源于绝对矿租的绝对收益，而且以无偿性的税收来实现资源所有权的价值，这本身就不合理。正是由于矿产资源补偿费和资源税各自的征收目标不明确，导致其相互间没有清晰的功能界限。

在开采前征收的因国家出资勘探而形成的矿业权价款实质上是国家勘探投资的对价，与矿产资源的原始价值实现无关；矿业权使用费实质上是因勘探、开采矿产资源占用土地的租金。在目前国家统一征收的稀土资源税费体系中，只有资源税部分反映了矿产资源的天然价值，没有能够实现资源自然形成的大部分价值，实际上是国家作为矿产资源的法定所有人，并没有在资源开采中获得等值的耗竭资源收益。国家作为矿产资源所有者权益没有得到充分保障。

5.3.2.3 环境损失和生态恢复成本考虑不够充分

稀土资源在开采和选冶过程中对生态和环境破坏严重。长期以来，我国对由此造成的环境污染和生态破坏问题重视不够，没有筹集专门治理资金，致使我国稀土矿山环境问题日趋严重，如江西赣州是我国南方离子型稀土主产区，经过多年的稀土开采，该地区稀土矿山开采直接毁坏土地面积达 78.13 平方千米，因水土流失破坏土地面积 7.72 平方千米，仅此两

项就造成 85.85 平方千米的土地遭到破坏甚至毁坏。❶ 据估计，这一地区生态治理和环境全部恢复资金高达 380 亿元。2011 年江西赣州稀土产业主营业务收入 374 亿元，利润为 68 亿元，稀土资源税加上近几年所有矿山企业上交的环境保证金也只有 7 亿多元。❷ 由此看来，一个地区的生态治理和环境恢复，仅靠当地政府的收入是很难实现的。

由于现行稀土资源税费制度对环境问题的关注度不够，因环境污染造成的外部成本没有客观反映和内部化，也进一步导致对稀土资源的盲目开采和过度开发，环境的破坏程度也日益加深。虽然相关主管部门收取了水土保持设施补偿及水土流失防治费、排污费、森林植被恢复费等规费，但收取的这部分费用多数用于部门工作经费，按规定用于稀土矿山环境恢复和治理的资金有限。环境治理和恢复专门税收的缺失使地方政府通过现有资源税费所筹集到的财政收入与生态环境治理恢复所需巨额资金存在巨大的资金缺口。

5.3.2.4 主体税费计征方式不合理，不符合可持续发展的要求

2011 年调整后的稀土原矿资源税采用从量计征方式，这种方式使资源税即使在资源价格变动较大的情况下，也不随市场价格变动而变动，因此人为地割断了价格和资源税收之间的关系。国家作为资源所有者不能从稀土价格上涨中取得更多资源收入，本应归属国家的级差收入留在了开采企业，资源归属地政府利益没有相应增加，稀土价格下跌时也不能以减少税收的方式给企业减轻负担，减弱了税收对收入分配的调节作用。从量计征方式实际上助推了粗放型经济增长方式和对稀土资源的过度需求。另外，现行稀土资源税规定只对资源开发过程中的对外销售和自用部分征税，而积压或库存的部分无须征税，极易造成开采企业不考虑市场情况盲目开采，造成资源的积压和浪费，甚至是永久性的破坏。

---

❶ 亢锦文.稀土应用产品标准现状及发展思路［J］.有色金属工业，2004（9）：36-37.
❷ 杨烨，梁倩，李美娟.江西全省稀土收入 329 亿元，赣州一地治理费用 380 亿元，工信部称稀土污染代价触目惊心［N］.经济参考报，2012-04-09.

我国现行的矿产资源补偿费实行从价计征，计征依据是矿产品的销售收入，并结合开采回采率系数。这种计征方式造成稀土矿山企业采富弃贫的短期行为加剧，使难开采或开采价值不大的尾矿、共伴生矿被放弃。另外，对稀土尾矿坝、共伴生稀土矿资源补偿费的征收也没有做明确的规定。

现行资源税和矿产资源补偿费的计征方式，不能将稀土资源开采的社会成本内部化，不利于经济发展方式的转变，促进合理开发利用稀土资源的目的难以达到，不符合可持续发展的要求。

5.3.2.5 收入归属和利益分配不合理，政府资源税费调节效率低下

根据我国现行的分税制财政体制，稀土资源税属于地方税性质。在这种收入分配体制下，地方政府的财政收入与资源的开采量成正比。一方面，负向激励作用不可避免，如果地方政府急功近利，默许稀土资源的乱采乱挖，就会导致资源的严重浪费和环境的不断恶化，不利于稀土资源的可持续开发和合理利用。另一方面，稀土资源低税负、按定额从量征收也使地方政府不能合理分享资源价格上涨带来的超额收益，使地方政府的收益受损。虽然在近年稀土价格上涨、开采规模不断扩大的情况下，来自稀土资源的税费对当地的财税收入贡献越来越大，但对于稀土资源依赖型政府来说，并没有把稀土资源优势转变为经济优势和财政优势。

由于稀土资源产业长期处于低税费状态，稀土矿业企业经营成本较低，又不承担生态恢复与环境治理的责任。在稀土价格持续走高、稀缺长期确定的情况下，开发企业不需要进行技术创新或设备更新等方面的努力就可以获得超额利润，一方面容易造成投资者对稀土资源进行掠夺式开采，破坏资源环境；另一方面造成资源地其他产业的挤出，不利于资源富集地产业链的延伸和技术进步，区域经济差距会越拉越大，使发展最终不可持续。

5.3.3 现行稀土资源税费存在问题的负面影响

现行稀土资源税制存在的主要问题，在某种程度上加大了我国稀土

矿产资源的消耗和枯竭，资源地生态环境被破坏和严重污染，对经济可持续发展产生了不利影响。

5.3.3.1 加快了稀土资源的浪费和枯竭速度

由于稀土矿产资源税费不合理以及开采行业进入门槛过低，加上近年来稀土资源价格的持续上涨，在高额利润的诱使下，稀土资源开采、选冶行业普遍存在以大量消耗资源、片面追求短期效益的现象，造成稀土资源的极大浪费。主要表现在：一是稀土资源回采率低；二是综合开发利用率低，如白云鄂博矿是包含铁、铌、稀土、钍等多种元素的共伴生矿，在开采过程中因技术和效益因素影响，多种有用元素没有加以利用，浪费严重；三是私挖滥采现象严重，对矿山破坏严重，加快了资源消耗速度。

5.3.3.2 削弱了稀土资源地发展现代工业的内在动力

由于稀土矿产资源开采成本低、回报率高等方面的强大吸引力，经济落后但稀土矿产资源丰富的地方为推动当地经济迅速发展，会更加重视稀土资源开采行业，其他产业也多与稀土资源分选、冶炼相关，削弱了其引进高科技行业发展当地其他产业的内在动力，其经济发展对稀土资源形成高度依赖。

以包头市为例：包头市稀土矿产资源由包钢（集团）垄断，交与包钢稀土进行分选、冶炼稀土精矿，实行关联交易，没有市场价格。稀土精矿（50%REO）市场价格按成本估算：2011 年 10 万元 / 吨，2012年下降为 2 万～ 3 万元 / 吨，2013 年目前为 1 万元 / 吨。而每吨稀土精矿（50%REO）可生产 0.4 ～ 0.5 吨稀土氧化物。2012 年包钢稀土部分稀土氧化物销售价格，其中氧化铈 5.5 万元 / 吨、氧化镨钕 40 万元 / 吨、氧化镧 7 万 / 吨。包钢稀土对稀土精矿进行分冶即可生产出价格翻倍的氧化物，很容易造成企业对原有生产模式和产品的依赖，创新积极性不高。这一点从包钢稀土 2011 年和 2012 年的主营产品收入利润情况中也可以得到说明（见表 5-5、表 5-6）。

表5-5　包钢稀土2011年主营业务分行业、分产品情况表						
主营业务	行业		产品			
	稀土原料产品	稀土功能材料	稀土氧化物	稀土金属	稀土盐类产品	磁性材料
主营业务收入/亿元	88.53	24.03	49.69	25.46	13.37	17.24
主营业务成本/亿元	20.22	9.24	10.06	7.30	2.86	7.08
主营业务利润率/%	77.16	61.55	79.76	71.34	78.59	58.94
主营业务收入比上年增减/%	111.11	253.68	176.61	61.00	64.01	388.23
主营业务成本比上年增减/%	9.19	92.55	32.01	−3.39	−14.40	175.74
主营业务利润率比上年增减/%	21.32	32.18	22.17	19.10	19.61	31.64

资料来源：根据内蒙古包钢稀土（集团）高科技股份有限公司《2011年度报告》整理。

表5-6　包钢稀土2012年主营业务分行业、分产品情况表						
主营业务	行业		产品			
	稀土原料产品	稀土功能材料	稀土氧化物	稀土金属	稀土盐类产品	磁性材料
主营业务收入/亿元	68.19	21.55	43.07	13.45	11.67	16.10
主营业务成本/亿元	35.63	16.95	21.13	8.74	5.76	12.82
主营业务利润率/%	47.74	21.33	50.95	34.98	50.61	20.38
主营业务收入比上年增减/%	−22.98	−10.34	−13.33	−47.18	−12.74	−6.62
主营业务成本比上年增减/%	76.25	83.45	110.05	19.83	101.29	81.08
主营业务利润率比上年增减/%	−29.42	−40.22	−28.81	−36.36	−27.98	−38.56

资料来源：根据内蒙古包钢稀土（集团）高科技股份有限公司《2012年度报告》整理。

5.3.3.3 生态环境破坏严重

长期以来，在我国稀土资源开发中没有包括因开采而引起的资源消耗、环境破坏及生态环境恢复治理等方面的成本，而且资源税税率过低，管理上也不到位，稀土资源开采准入门槛过低，大量涌入稀土开采行业的资金在稀土资源富集地区处于失控状态，导致稀土资源大量浪费及低效率使用的同时，生态环境也遭到严重的破坏。

5.3.3.4 造成社会分配不公

我国的稀土资源属国家所有，而一旦通过"审批制"无偿或以极低的价格授予个人或集体开采权后，在缴纳较低的资源税及资源补偿费后，开发资源的大量利润流入少部分人或企业，由此造成的生态环境恶化和环境污染最终由国家政府或资源地百姓承担，使国家利益蒙受损失，也造成了本属于全民所有的财产在社会上的不公平分配。

近年，我国政府加快了国内稀土企业整合过程。整合将不可避免地涉及各方的利益，尤其是央企的稀土资源跨区域整合成了主流，如果在稀土行业整合中利益分配过度关注战略利益，忽视当地利益，稀土资源地的利益可能会因此不能得到保障，增加了地区之间的发展不平衡。

5.4 稀土资源税税额调整后征收情况及存在的主要问题——以包头为例

5.4.1 稀土资源税与铁矿石税基相同，似有重复征税

包钢稀土的生产工艺流程是：包钢（集团）的生产车间白云鄂博铁矿将矿石输往另一生产车间选矿厂，选矿厂将矿石粉碎后加水磨矿后通过弱磁选选出铁精矿，铁精矿直接进入炼铁烧结程序，磁选铁精矿后剩余尾矿一部分销售给稀土选厂选冶稀土精矿，其余部分与炼铁炉渣一起排入尾矿库。

包头稀土资源是白云鄂博矿区与铁矿共生、伴生的氟碳铈矿、独居石矿等轻稀土矿。按照国家最新规定除征收铁矿石资源税外，再按稀土矿原矿征收稀土资源税。按现行征收办法，地方税务部门在征收稀土资源税过程中，按照白云鄂博铁矿每年送往选矿厂的矿石确定为原矿数量征收。以 2011 年包头稀土资源税征收实际数据为例：白云鄂博铁矿将矿石 1 245 万吨输往选矿厂，经过磁选选出铁精矿 459 万吨，剩余尾矿 786 万吨，有 339 万吨销售给稀选厂用于生产稀土精矿，另外 447 万吨排入尾矿库。2011 年如按实际征收办法，应征收稀土资源税 7.47 亿元（1 245 万

吨 ×60 元 / 吨)。同一数量的矿石在征收铁矿石资源税的基础上又征收稀
土资源税，一种矿石征收两种资源税，重复征税，与国家制定的各项税收
法规的原则相矛盾。

某集团 2011 年 4 月以前未缴纳稀土资源税只缴纳铁矿资源税，只
占集团营业收入的 0.1% 左右；开征稀土资源税后，2011 年三个季度共
交纳稀土资源税 51 925.59 万元，如果加上铁矿石资源税，也仅占收入
的 0.63%；2012 年缴纳稀土资源税 74 528.05 万元（见表 5–7）。

表 5–7　某集团资源税情况表				单位：万元
项目	2008 年	2009 年	2010 年	2011 年	2012 年
收入	1 267 068	622 028	985 323	1 002 279	
利润	1 573.7	−16 446	11 022.7	5 476.2	
铁矿石资源税	10 525.7	10 536.3	10 852.8	10 812.93	约 10 800
铁矿石资源税负	0.08%	0.17%	0.11%	0.11%	
稀土资源税	0	0	0	51 925.59	74 528.05
稀土资源税税负				0.52%	
资源税税负	0.08%	0.17%	0.11%	0.63%	

注：1. 数字来源于某市地税局；2.2011 年稀土资源税为 4 月开征后三个季度的实际缴
纳额，另欠缴 4 669.59 万元；3. 资源税税负为资源税额占当年收入的比例；4.2012 年
财务报表未出，缺少收入和利润的具体数字。

5.4.2 稀土资源税计税依据规定不明确

《中华人民共和国资源税暂行条例》第四条规定："资源税的应纳
税额，按照从价定率或者从量定额的办法，分别以应税产品的销售额乘以
纳税人具体适用的比例税率或者以应税产品的销售数量乘以纳税人具体适
用的定额税率计算。"《中华人民共和国资源税暂行条例实施细则》第八条
对第四条的解释："条例第四条所称销售数量，包括纳税人开采或者生产
应税产品的实际销售数量。"

《中华人民共和国资源税暂行条例》第五条还规定："纳税人开采或者
生产不同税目应税产品的，应当分别核算不同税目应税产品的销售额或者
销售数量；未分别核算或者不能准确提供不同税目应税产品的销售额或者

销售数量的，从高适用税率。"

按照规定稀土资源税应纳税额应按应税产品的实际销售数量计算，而实际情况是白云鄂博铁矿开采出的铁矿石，经过磁选铁精矿后只有一部分销售给包钢稀土生产稀土精矿，大部分排入尾矿库堆存，并没有实际销售；而且能够准确核算不同税目应税产品的销售额或者销售数量。在实际征收过程中，按全部矿石数量作为计税依据计算征收，与条例规定不符。

5.4.3 低税费造成大量资源浪费和严重的环境污染

以包钢资源税情况为例，铁矿资源税为原矿 14.5 元 / 吨，按 60% 减征，实际税额为 5.6 元 / 吨；稀土资源税 2011 年 4 月以后开始征收，原矿税额为 60 元 / 吨，如果按稀土（REO）品位为 5% 折算，精矿与原矿比大约为 1：20，这样计算后稀土精矿资源税大约为 1 200 元 / 吨；轻稀土矿补偿费按规定为 3%，如果按 2 万元 / 吨精矿计算，折算成精矿为 600 元 / 吨（包头未征），则两项所占比重约为 9%（见表 5—8）。

表 5—8　包头稀土资源税费估算表

项目	从量标准 / （元·吨$^{-1}$）	从价标准（价格 × 税率）	说明
一、开采环节	9 100 ~ 10 100	最高 50.6%	从量按 20 000 元 / 吨的价格折算
（一）增值税	3 400	17.0%	其他地方税主要包括：劳务营业税、个人所得税、印花税、城建税、教育费附加、地方教育附加等
（二）资源税	1 200	6.0%	
（三）其他地方税	1 920	9.6%	
（四）矿产资源补偿费（未征）	600	3.0%	综合规费包括：采矿权使用费、水土保持设施补偿及水土流失防治费、排污费、森林植被恢复费、土地登记费、临时占地使用费等
（五）综合规费	2 000 ~ 3 000	10% ~ 15%	
二、加工环节			
（一）增值税		17.0%	加工环节增值税抵扣进项税后缴纳
（二）企业所得税		25.0%	企业所得税按利润缴纳

注：轻稀土原矿的单位税额标准为 60 元 / 吨，表中的资源税标准为按精矿销售量和自用量所耗用原矿数量 1：20 折算后测定。

包头稀土资源以伴生为主，矿山企业对稀土还不能实现高效利用，大部分丰富的稀土资源被堆放在尾矿坝中。1966～2010年包钢选矿厂共处理原矿约 2.9 亿吨，生产出约 1.1 亿吨铁精矿，排出约 1.8 亿吨尾矿，回收利用的折合稀土氧化物的稀土总量约 110 万吨，在高炉渣和合金渣中流失的以及在开采、运输、生产过程中损失的稀土氧化物大约 80 万吨。❶包钢（集团）公开官方资料显示，目前其尾矿坝面积已达 20 平方千米，储存尾矿 1.5 亿多吨、水 1 700 多万立方米。与原矿相比，尾矿所含的稀土平均品位已从 6.8% 提高至 8.85%，铌矿、钍矿品位也均呈富集状态。包钢（集团）目前只能对氧化矿中的稀土进行回收利用，不能大规模将磁铁矿中的稀土选出来，只能堆放在尾矿坝中。

尾矿库存的逐年增加，不仅给企业造成较大负担，同时也带来严重的环境污染问题，是一座放射性很大的"核湖"，危害巨大。矿产资源开采环节税费过低，造成大量有用资源没有被充分、节约利用，尾矿中的可利用元素如果不及时提取，将大大提高未来提取、利用的难度和成本，对稀土资源产地可持续发展尤为不利。

5.4.4 未征收稀土资源补偿费

白云鄂博矿区按照《矿产资源补偿费征收管理规定》（国务院 150号令）只对铁矿石原矿征收矿产资源补偿费，未对随铁矿开采的稀土资源征收矿产资源补偿费。为了加快稀土尾矿坝的综合利用和无害化处理，不建议对包头稀土尾矿征收矿产资源补偿费。

5.5 构建稀土产业可持续发展资源税费体系的建议

从上述对我国现行资源税费体系存在的问题及稀土资源税改革后包头市的征收实践可以看出，我国矿产资源税费体系存在资源税费关系混乱、不能完全体现资源价值、不利于资源节约综合利用、不利于资源地

---

❶ 马鹏起.稀土报告文集［M］.北京：冶金工业出版社，2012：16–17.

生态环境保护、资源收益分配不合理等不可持续发展的问题。结合经济发展形势和财税改革的整体布局，建议稀土资源税费改革可从近期和远期两个角度逐步推进，最终实现资源税费促进稀土资源永续利用的可持续发展目标。

5.5.1 稀土资源税费近期改革的对策建议

5.5.1.1 征收综合资源税，减少征收环节，促进综合利用

共伴生矿含有多种有用元素，如果对每一种元素都征收资源税，执行难度较大。按照各种共伴生资源的含量制定综合资源税应纳税额，并对综合开采给予资源税优惠，使企业单独开采某种资源的成本高于收入，单独开采收益远远小于综合利用，在一定程度上迫使企业进行铁、稀土、铌、钍等多种资源的综合开采和利用，以节约资源、减少尾矿堆存和环境污染。

以包头市白云鄂博铁矿为例：矿区目前已发现 71 种元素、190 多种矿物，包括钪在内的 16 种稀土元素，除钷以外理论上都是能利用的，另外还包括铁、铌、氟、磷、钾、钍、钛、镁、锰、硫、钠、铝、硅、钙，也是可以综合回收利用的元素。[1] 为了保护好白云鄂博铁矿这一世界罕见的多金属共生矿床，特别是保护稀土这一我国重要的战略资源，根据稀土伴生的实际和稀土资源的稀缺性和战略资源特性，考虑到稀土资源价值，通过税收政策提高白云鄂博铁矿石的综合开采成本，调节资源配置势在必行。这样一方面可抑制单纯利用铁矿石的生产企业开采白云鄂博铁矿的铁矿石资源，从而保护白云鄂博铁矿的稀土等稀缺资源；另一方面鼓励企业为达到利润的最大化，提高原料的可利用程度，积极进行技术创新，促进对稀土、铌、钍等资源的综合开发和应用。

对白云鄂博铁矿资源应将铁、稀土、铌三大资源并重，使有限的资源得到充分的利用。从税收角度出发，一定要充分发挥税收的调节作用，

---

[1] 马鹏起.稀土报告文集［M］.北京：冶金工业出版社，2012：20–21.

按照共、伴生矿各种资源含量，确定一个科学合理的综合资源税水平，调高白云鄂博铁矿石资源税税额，提高税负水平，逐步减少对白云鄂博铁矿资源的依赖，鼓励和支持开辟新的铁矿来源，逼迫企业提高综合开发利用水平，逐步增加对包钢（集团）尾矿稀土资源的开发利用。

（1）从保护稀土资源出发应当适当调高铁矿石资源税适用税额。当前的低税额加减征政策，助长了稀土资源的浪费，加速了稀土资源的毁灭。

其一，白云鄂博矿铁矿石中含稀土元素氧化物丰富，其中氧化镧、氧化铈、氧化镨、氧化钕含量分别占稀土氧化物总量的25%，50%，6%，16%左右。铁矿石在选矿过程中只剥离了10%的稀土元素，仍有90%的稀土元素随同选矿的尾矿排入了尾矿坝，目前还没有技术力量对尾矿坝中的稀土元素进行回收，造成稀土资源大量浪费。国家只对铁矿石、石英石、稀土等个别矿产开征资源税，其他矿未开征资源税，而且铁矿石税额小，并享受减征40%的优惠。

其二，白云鄂博铁矿在开采铁矿石的过程中剥离出的含铁量极低的岩石中所含有稀土元素。目前这部分矿藏大量在露天堆积，仍未被利用，使资源处于闲置状态，造成稀土资源的浪费。

其三，白云鄂博铁矿的铁矿石内销给包钢（集团）后，铁矿石中的稀土元素被提炼后产出稀土产品，但由于包头市地处西部地区，企业设备的先进性及技术力量都有限，因此稀土元素的利用率较低，目前生产技术问题仍未得到根本解决。

在这样的状况下，如果不提高铁矿石资源税单位税额，势必会相应减少铁矿石开采成本，无形中鼓励并助长采矿企业过度开采白云鄂博铁矿的铁矿石，不仅不利于保护稀土资源，而且会造成稀土资源的更大浪费。

（2）从有利于经济和社会发展角度，应当适当调高铁矿石资源税适用税额。铁矿石资源税税额的长期偏低，与市场经济体制不相适应，过低的税额不利于经济与社会的协调发展，不利于经济增长与资源、环境的协调发展，不利于地方财政收入的增加。

　　一是加剧了采矿企业的利益驱动和无序竞争，致使铁矿石资源、稀土资源及其他有益资源的浪费和毁灭，导致部分企业和个人"采富弃贫、采易弃难"，造成资源开采过程中回采率低及伴生资源的浪费，导致资源没有得到合理的开发和有效利用，严重影响了铁矿石产业，特别是稀土产业的可持续发展。二是过低的税额不利于资源安全和环境保护。包钢（集团）白云鄂博矿区是国家重要的稀土资源基地，但由于政府财政困难，地方财政用于环境治理的投入跟不上资源的开发速度，加之一些企业掠夺式开采造成了资源的严重浪费和环境的迅速恶化，达不到以资源养资源的目的，铁矿石资源和稀土资源安全和环境保护受到威胁。三是低税额不利于国家支持发展的优惠政策贯彻落实。西部大开发为大规模开发利用资源提供了契机。但是目前丰富的资源与微薄的资源税收入反差明显，"贡献大、收益小"的矛盾非常突出；长期偏低的资源税税额使当地的财政收入太少且增长缓慢，与经济社会发展相脱节。

　　（3）以选铁后含稀土的矿石量作为稀土资源税的计税依据，促进稀土等资源的分选冶炼，减少尾矿堆存。

　　包头稀土矿是伴随铁矿开采而采出，只有一部分进行稀土精矿的分选冶炼，大部分排入尾矿坝，既造成资源浪费，又严重污染环境。为减少尾矿排放，笔者建议以选铁后含稀土的矿石量作为稀土资源税的计税依据，增加企业只采不选的成本，促使企业少开采原矿并加快稀土等资源的分选冶炼。仍以 2011 年包头市的数据为例：白云鄂博铁矿经过磁选选出铁精矿后剩余尾矿 786 万吨，有 339 万吨销售给稀选厂用于生产稀土精矿，另外 447 万吨排入尾矿库。如按调整后的征收办法应征收稀土资源税 4.716 亿元（786 万吨 × 60 元 / 吨），铁精矿 459 万吨不继续征收稀土资源税，似乎更合理。

5.5.1.2 改革稀土资源税计征方式

　　2011 年税额调整后的稀土资源税仍然采用从量计征方式，资源税只与稀土销售量或自用数量有关，而与稀土价格没有关系，不利于发挥价税联动的作用。为促进稀土资源的保护和可持续发展，应改革资源税的计征方式。首先，改按"销售量或自用量"计税为"按实际产量或生产数量"计税，并综合考虑开采主矿过程中的伴生矿和稀土资源储量消耗指标等。这样可以促使企业根据市场需求和资源状况有计划、节约开采，减少稀土资源的积压和浪费，延长开采周期，提高资源回采率，充分合理地利用稀缺资源。其次，将稀土资源税计税方式由"从量计征"进一步改为"从价计征"，改革后的稀土资源税计税依据确定为"按稀土资源的实际开采量或生产数量的市场价格作为计税依据"，可以提高稀土行业对资源价格的敏感性，促进稀土企业综合开采利用资源，促使稀土企业将短期生产目标与资源综合高效利用的长期目标达到有效平衡，从而实现稀土资源可持续利用的目的。

5.5.1.3 确定差异化的稀土资源税税率，优化税率结构

稀土因资源赋存条件的差异，开采企业收益有较大不同。因此，在资源可持续发展的指引下，稀土资源税税率设计应以全面体现稀土资源的价值为基础，综合考虑稀土资源的优劣程度、开采条件和技术差异，科学设计和确定差异化税率。在体现绝对矿租的基础上，注重级差矿租的调整。通过差别税率的设计，适当调节由级差矿租而产生的利润不公，为市场主体创造平等的竞争环境，避免企业因追逐超额利润而"采富弃贫"，促进稀土资源的全面持续性开发和综合保护利用。

5.5.1.4 改稀土资源税为共享税，提高中央对资源地生态补偿能力

稀土资源开发多数在资源地进行并具有跨地区的特点，开发和利用稀土矿产资源不仅影响资源开采地的生态环境，而且影响周边或更广泛的地区。受地方利益及财力限制，资源开采地对因矿产开采带来的生态环境破坏恢复补偿不利，因此，需要调整资源税收入的分配制度，改稀土资源税为中央与地方共享税，重新构建稀土资源开发和生态环境保护的补偿机制，在保证资源税专项用于矿山环境恢复治理和资源开发地方政府分配较大比例的基础上，中央政府集中一部分资源税收入，建立生态恢复补

偿的专项资金，统筹用于因矿产资源开采造成的生态环境恢复治理，重点解决历史遗留问题和跨地区生态恢复治理，也可以补贴到稀土科研、深加工环节，以此减弱资源地政府在地方利益的驱使下，不顾环境资源代价，而破坏性地无序开采稀土资源。

5.5.1.5 提高稀土资源补偿费的费率，制定共伴生矿的优惠规定

随着人们对矿产资源认识的加深和不断提高开发利用水平，在经济效益最大化的促动下，稀土开发企业在开发利用主矿种的同时，更加重视对共伴生矿产资源的综合利用。为了鼓励和促进稀土开采企业对共伴生资源的综合开发利用，建议提高单独利用某种资源的资源补偿费，同时制定共伴生稀土资源综合利用补偿费征收的详细优惠规定。比如，在开采主矿种的同时，对共伴生的其他矿产资源进行综合开采利用的，减半或免缴矿产资源补偿费；投资开发利用尾矿资源的，免缴矿产资源补偿费；采用先进技术，对开发利用国内难利用的低品位、难选冶稀土资源进行投资的，减半征收稀土资源补偿费。

5.5.1.6 适当提高矿业权价款和使用费的收费标准

由于现行的矿业权使用费和价款收费标准过低，在全面实行矿产资源有偿取得制度后，不利于勘探投入的收回和矿地保护，因此应适当提高收费标准，也即全面收回矿业权价款（探矿权和采矿权价款）以及适当提高矿业权使用费（探矿权和采矿权使用费）。

5.5.2 稀土资源税费远期优化改革建议

稀土是重要的不可再生的战略资源，应用范围非常广，可持续开发尤其重要，稀土资源税费的改革对其他资源税费改革具有示范效应。在远期，借鉴国际经验并结合稀土资源实际，改革和完善现行的稀土资源税费制度，积极构建一个租、税、费并存的符合可持续发展的矿产资源税费制度体系。

5.5.2.1 征收"权利金"，保证矿产资源国家权益的足额收回

将现有的矿产资源补偿费、探（采）矿权价款、矿产管理费和矿山

专项维护费等矿产类的收费统一为"权利金",由国土资源部门征收。统一考虑矿产中所蕴含的所有有用元素,提高增收比例,调节级差收入,实现矿产资源国家所有者权益。由国家用于加强地质勘查及资源保护和寻找新的替代资源,以保证资源的可持续利用。

5.5.2.2 重新定位资源税

为了促进稀土资源的可持续发展,将资源税重新定位为资源保护税。资源保护税的征收目的定位为:保护稀土资源、促进资源合理开发利用、保护矿区环境、促进生态平衡、实现可持续发展。资源税逐渐过渡到环境税体系,为资源地环境治理、生态恢复筹集必要的资金,重点解决资源开采的外部性,实行专款专用。

5.5.2.3 征收稀土特别收益金,调节企业超额利润

世界各国资源税改革的一个新趋势是征收租赁型资源税[1],澳大利亚政府自 2012 年 7 月 1 日起开始实施矿产资源租赁税改革,对私人企业在开采公共资源时所获得的超额利润征税。

近年稀土价格不稳定、时涨时跌,对整个行业影响较大,尤其是价格暴涨时,在超额利润的诱惑下,企业和地方政府盲目、无序开采稀土,造成稀土产业过热和其他产业的投资不足,使各地经济发展不可持续。因此,可以借鉴国外资源租赁税改革经验,并结合我国石油特别收益金的征收经验,对稀土资源征收稀土特别收益金,调节稀土企业在出现价格超预期的暴涨时获得的超额利润,维持稀土产业的正常发展秩序。

5.5.2.4 征收矿地租金

将目前收取的探矿权和采矿权使用费改为矿地租金,提高征收金额。按探矿或采矿活动占用的土地、草场、森林等资源面积分年度向国家缴纳,以限制矿业活动对土地等资源的占用和破坏。

通过以上改革,可以大大简化稀土资源开采环节税费征收,提高税

---

[1] 租赁型资源税（rent-based tax）,即按照一定税率对所获得的资源超额利润征收。

费征收的效率，促进稀土资源节约利用和综合开采，并为资源勘探、生态补偿筹集必要和足够的资金。

5.6 促进稀土产业可持续发展的环境保护税费政策建议

为了合理开采和利用稀土资源，降低稀土资源开采带来的环境破坏，以促进稀土产业的可持续发展，政府各相关部门出台了多项关于稀土产业的环境保护税费政策，并取得了相应的效果。但是，随着稀土产业的发展壮大和国内环境保护形势的日益严峻，现行稀土产业的环境保护税费制度还存在诸多问题，未能全面发挥其宏观调控的效能。因此，本部分从政府环境保护的政策工具分析入手，对环境税费制度中存在的问题和原因进行归纳分析，并在此基础上提出我国稀土产业可持续发展的环境税费政策的可行性建议。

5.6.1 环境保护的政策工具分析

目前，我国政府对于环境保护的政策工具包括政府直接管制、环境税收制度、财政支出制度、排污权交易制度、生态补偿机制以及国际合作等。

5.6.1.1 政府直接管制

为了加强环境保护工作，政府经常采取直接管制措施，一般借助法律或行政手段制定相关的环境治理标准，对污染环境的活动进行限制或禁止，如有违反则会对其进行法律方面的制裁。政府直接管制的方式主要有强制淘汰政策、排污收费政策、投资禁止政策等。排污收费制度是我国治理环境污染的一项主要制度。投资禁止政策是政府相关部门对造成严重环境破坏的投资行为采取的一项禁止措施。如我国环境保护部已经发布并执行的《稀土工业污染物排放标准》就是这一政府管制政策，它提高了稀土产业准入的环境门槛。

5.6.1.2 环境税收制度

环境税收制度是国外较为普遍采用的一种环境政策，这一制度的实施对国家环境改善发挥了很大的或不可替代的作用。目前我国独立的环境税开设还处于理论探讨中，现只存在一些与环境保护相关的税种，如资源税、消费税、城镇土地使用税和耕地占用税等；另外在一些税种中做了与环境保护相关的一些税收规定，如增值税、企业所得税以及关税、车船税、车辆购置税等，未来拟开征独立的环境税。

5.6.1.3 财政支出制度

为了加大环境保护力度，政府建立了环境方面的财政支出制度，主动对有利于环境保护的生产、交换、分配和消费等行为进行资金支持，对提高资源开发利用效率、节约资源、促进资源循环使用的生产和消费等行为给予财政补贴，并通过环境保护和资源开发利用的总量和流量来反映这项制度的效果。环境保护财政支出的方式主要有建立节能环保财政专项资金、中央对地方转移支付、环保项目的财政补贴和奖励、政府绿色采购等。

5.6.1.4 排污权交易制度

为了响应世界各国减少温室气体排放的号召，我国成立了中国清洁发展机制基金❶，致力于温室气体的减排工作，并建立环境交易机构。排污许可证可通过环境交易机构按照一定规定和程序进行买卖，即排污权可视作一种可以流通的环境使用权。排污权交易制度的实施有利于鼓励企业以环境保护为先，努力改进产品技术，提高经济效益。

5.6.1.5 生态补偿机制

生态补偿机制是以保护生态环境、促进人与自然和谐为目的，根据生态系统服务价值、生态保护成本、发展机会成本，以政府和市场为

---

❶ 《京都议定书》设立"清洁发展机制"，在发达国家和发展中国家之间开展减排温室气体国际合作。2006 年 8 月，国务院批准成立中国清洁发展机制基金及其管理中心，负责收取、管理和利用在此合作下获得的国家收益，促进减缓和适应气候变化的行动。

主导，借助各方面的力量来调整环境保护和建设相关各方之间利益关系的环境经济政策。生态补偿机制主要以两种方式进行：一种为即期补偿，主要表现为一些在短期内实现恢复的生态环境问题，如植被修复、土地复垦等，能够在短期内使其恢复原有的生态功能与生产能力；另一种是远期补偿，主要表现为一些在短期内难以实现恢复的生态环境问题，如大气污染、水土污染等。

5.6.1.6 国际合作

环境保护离不开国际的合作，我们需要借鉴发达国家环境保护的政策工具、环境税收制度体系等完善我国的环境保护政策，积极参与各国关于环境保护协议的讨论与制定，并严格按照承诺履行环境保护的职责，承担环境保护的责任，促进国际的和谐稳定。环境保护方面的国际合作也是政府很重要的一项环境政策工具。

5.6.2 环境税制的模式探讨和我国环境税制体系选择

5.6.2.1 我国现行环境税费制度存在的问题

现行环境税费制度对我国环境保护有一定的积极作用，通过税收和收费的政策工具导向，限制污染环境的行为、保护资源的开发利用、加快产业的升级换代等。但是，我国现行环境税费制度也有很多问题存在。

（1）环境税收与收费制度错综交叉。我国在环境保护方面存在环境类税收和收费制度并存的现象，在税收方面包括与环境资源保护相关的资源税、消费税等，还在增值税、企业所得税等税种中做了环境保护方面的一些相关规定，收费方面包括排污收费、矿产资源补偿费、矿区使用费等。

（2）没有独立的环境税种。相比西方发达国家完善的环境税体系，我国环境税种的设置较为分散，没有设置专门与环境污染相关的税种，如硫税、碳税、污水费等。这些税种之间在环境保护方面也存在协调性问题，不能形成一个贯通的体系。

（3）以鼓励环境保护为目的的税收优惠政策实施力度不大。目前，税收优惠政策涉及的范围仅仅是废弃物的合理处置，对于鼓励科技研发、利用新型生产技术、清洁生产以及物资循环利用等方面的税收优惠实施力度不够。

（4）环境保护收费政策不合理。一是收费标准偏低，比如现行的排污收费是以相关部门制定的污染物排放标准为收费依据，对低于排放标准的排放机构不收费，对超过标准的收费，但是收费多少不以污染物排放总量来计算，不能有效地提高排污机构减排的积极性；二是收费存在空白，现行排污收费的范围只涉及废水、废气、废渣、噪声和放射物等污染源，而并未将一些危险废物、生活排污和流动性的污染源囊括在内，致使排污收费制度不能对排污行为起到全面管控的作用；三是中央与地方对收费的分配不合理，排污费收入主要归地方财政，中央缺乏对排污费的统一监管和调控，使得各地环境保护工作效率参差不齐，给排污机构带来寻租机会。

（5）环境收费制度的法律保障不健全。环境收费制度是一些部门根据自身业务范围和管理需要自行出台，与环境税收由法律或者国务院颁发的行政法规相比，其立法层次过低，难以有效保证收费制度按时按量完成，从而影响到环境保护与污染治理资金的来源和投入。

5.6.2.2 国外环境税制模式借鉴

世界各国在税收体制和税收征管水平方面存在差异，也就存在不同的环境税征收方式，环境税在整个税制体系中的地位也各不相同。总结各个已施行环境税的国家大体可以归为三种模式，即独立型环境税模式、融入型环境税模式及环境税费并存模式❶。

独立型环境税是为筹集环保资金而独立开征一个新税种；融入型环境税是对现行税制进行绿色化改造，不单独开征新税；环境税费并存模式

---

❶ 谢林. 环境税模式的国际比较及对我国的借鉴［J］. 中国集体经济，2011（3）：194.

是在征收环境税的同时，对一些不具备环境税征管条件的污染行为继续征收环境费。

在发达国家，环境税制的改革主要采用开征新税种和对原有税制进行绿色化改造这两种途径（见表5-9），从开征零散的、个别的环境税种，逐步发展为对包括废水、废气、垃圾、噪声、农业方面源污染征税的全面环保税收体系，并都取得了很好的环境保护效果。

表5-9 世界部分国家环境税制度安排	
国家	环境税制度安排
美国	化学品消费税、汽油税、卡车消费税、轮胎消费税、汽车使用税、资源开采税、环境收入税等
丹麦、瑞典	特定行为税类：二氧化碳税、硫税、氮税；特定商品税：汽车注册税、轮胎税、汽车电瓶税、飞行设备税、包装物税、垃圾税、农药和杀虫剂税、化肥及饲料税、添加剂税和电池税等
荷兰	燃料税、噪声税、垃圾税、水污染税、土壤保护税、地下水税、汽车特别税、石油产品消费税等

5.6.2.3 我国环境税制模式选择

目前，理论界对环境税的讨论主要将其定义为广义（大口径）和狭义（小口径）环境税。广义环境税包括独立开设的环境税、与环境保护相关的税种（如资源税、消费税）以及其他税种（如增值税、所得税等）中与环境保护和治理相关的税收规定；而狭义的环境税就是指单独开设的环境税，仅指对污染物的排放行为征税。

从单独开征环境税与现行的排污收费制度的比较来看，环境税具有法律监督效力高、涉及面广、征收环节灵活、利于国家预算统一安排等优点。但根据我国目前对环境污染的监测技术和手段的实际情况，还不能全面实现对所有污染行为征收环境税，税费并存的局面短期内还难以改变，因此可以对相对稳定、监测技术成熟、征收较为容易的征税对象先行征收独立的环境税；对那些不太稳定、不容易监测、征收难度较大的征收对象，则可以考虑继续采取收费的形式。

如果采取对现有税种进行"绿色化"改造的形式，实现环境治理和改善的目的，一方面，会增加税务机关征收人员对政策把握的难度，难免出现有失公平的现象；另一方面，有关税费分散存在于各税种中，也不利于激励和约束作用的发挥。

借鉴发达国家环境税的运作模式，结合我国的实际情况，在环境税模式的构建上，笔者建议采用以独立的环境税为核心、绿色化其他相关税种的税费并存的模式。

5.6.3 我国稀土产业可持续发展的环境税费政策建议

现行环境税费政策存在诸多不利于经济发展的问题，同样也不利于稀土产业的可持续发展，比如，针对稀土产业开征的资源税不能很好地控制稀土矿资源的开采；稀土资源形成的销售收入未能征收资源补偿费，以弥补稀土资源消耗的成本等。因此，本小节结合现行环境税费存在的问题和稀土产业发展的现状，提出有利于稀土产业可持续发展的环境税费政策建议。

5.6.3.1 目标

稀土资源是具有战略意义的资源，稀土资源的合理开发和利用符合科学发展观和构建和谐社会的总体目标，这需要通过一系列经济手段来实现，其中构建促进稀土产业可持续发展的环境税费政策是重中之重。实现稀土产业可持续发展这个目标需要循序渐进地进行，主要包括以下几个层面的目标。

（1）效率性目标。我国稀土储量虽然在全世界占有较大优势，但是国内外的稀土需求量也十分巨大，稀土开采、环境破坏与经济发展的矛盾日益明显。为了缓解和解决这一矛盾，需要我们提高稀土资源开采和使用的效率，避免小规模作业、偷采和环境破坏等行为。政府需要通过开征环境税费的手段，建立价格机制，引导稀土资源进行最优分配。

（2）环保性目标。环境税改革的目标主要是环境保护，在控制污染行为、补偿并治理环境污染方面发挥重要作用，应该弱化其筹集收入的功能，同时应向重点行业、重点地区与重点领域倾斜。[1] 稀土资源的开发与生态环境有着密切的关系，在稀土产业发展壮大的同时，也要注重环境的保护。在改善资源开发带来的生态环境破坏方面，我们可以借鉴西方发达国家的经验，完善资源税、矿产开采补偿费等税费制度，将环境保护考虑到资源开发的全过程中，对未开采的稀土资源的保护，对开采出的稀土资源的合理利用以及开采后的环境复原等，通过税费机制传导到价格，使稀土资源的使用者对环境和资源的保护承担起相应的责任。

（3）可持续性目标。在稀土产业开征环境税，实现产业的可持续发展是最终目标，通过环境税的导向和调节作用，实现稀土资源的永续利用和环境的可持续。在具体税制设计上应符合可持续发展的目标要求。

环境税的征收，无形中增加高污染、高消耗稀土企业的生产和经营成本，导致这类企业的竞争力下降，如果不及时采取治理污染措施或调整产品结构，必将遭到淘汰。这样，可以极大地促进含有高新技术和高附加值的稀土应用产品的研发，提高生产稀土应用产品企业的利润水平，促使稀土生产由初级产品转向高端产品，实现稀土产业的结构调整，从根本上解决环境问题。

5.6.3.2 原则

（1）先期试点、逐渐推进的原则。环境税费的改革或开征涉及的专业技术性非常强，我国在这方面经验还比较欠缺。基于此，我国可以借鉴国外经验并结合我国排污费征收的有用经验，选择稀土这类急需治理污染的行业进行改革试点，积累经验后再逐渐扩大开征范围。环境税费的设计方案可以通过环境税和环境收费的共同配合，从而影响污染者的生产和消费行为。同时继续维持现行环境收费制度，建议将污水处理费、二氧化硫排放费等改为征收环境税，在稀土行业重点考虑对废气、废水、固体废弃

---

[1] 何代欣. 结构性减税深刻影响环境税改革［EB/OL］.（2012–05–29）［2013–1–12］.http://www.cfen.com.cn/old_7392/paper/6/201205/t20120528_1732575.html.

物和放射性物质征收环境税。

（2）激励环保行为为主，筹集收入为辅。环境税应定位为特定行为税，主要目的是对纳税人的行为进行调节，限制不利于环保的行为和经济活动，鼓励纳税人积极采取措施治理污染、减少污染，进行绿色生产活动。当然，通过环境税费的开征也可以筹集一定的资金，专门用于环境治理，使不愿采取治污措施的企业，承担足够的环境治理成本，由政府或委托他人对环境进行治理。

在对主要污染物征收环境税的同时，仍要发挥部分收费项目对其他污染物排放的限制作用，也要充分利用其他税种中与环境保护和治理相关的规定，激励企业的自觉环境保护行为和活动。

如果在环境税费体系的协同作用下，全社会都能积极参与到环境保护中来，主动采用环保设备、技术和工艺减少污染排放和对污染进行有效治理，在不增加国家和地方财政专项环保支出的情况下，达到环境治理和保护的目的，即便环境税无税可收，环保目的已经达到，何乐而不为？这就是环境税的最高境界——无税而治。

（3）体现税收公平和效率原则。环境税的税制设计也应该符合我国"简税制、宽税基、低税率、严征管"的税制改革原则。开征独立的环境税或环境保护税，为了使税种的数量最大限度地减少，建议设置如废气、废水、固体废弃物、二氧化碳等税目，其下可设置具体的子税目，以达到简化税制的目的。

在征收过程中应加强检查和监督，遵循市场经济公平竞争的最基本要求，避免排污者逃税、治污者交税的执法不公平现象的发生。改革初期可选择环保监测技术和手段比较成熟、有一定征管经验的领域进行试点，保证以最低的征管成本和纳税成本，取得应收的收入，保证合理的税收遵从度，提高税收征纳效率。

5.6.3.3 稀土产业环境税费制度设计建议

稀土产业的环境税制度设计，应考虑到产业自身特点和行业税费的整体现状。针对稀土开采环节对生态环境造成的破坏，在资源税的改革和生态补偿制度设计中已经加以考虑，需要环境税的补充。基于此，稀土产业的环境税费制度设计可先行开征污染排放税，并配合在其他税种中做出与环境保护和治理相关的规定，重点解决稀土生产环节污染的治理和环境的改善。

（1）污染物排放税的设计。

①征税范围和税目。稀土产业对环境的污染主要来源于：一是在选冶和分离环节由于大量化学药剂的使用而造成水土流失和土壤污染及酸化，造成农作物减产甚至绝收；二是稀土尾矿堆存会对水资源、大气造成污染，另外其中所含的放射性物质危害也极大，给公众的生命健康和生态环境带来重大损失。

从构成来看，污染物主要是在稀土冶炼分离过程中产生的工业"三废"。稀土产业环境税也即先期开征的污染物排放税，实质是污染排放费改税。考虑到稀土生产过程中污染物的污染情况和治理的紧迫程度，可将废气、废水和废渣或尾矿纳入征税范围（见表5–10）。

表 5–10　稀土生产污染物排放税的征收范围

稀土污染物排放税征收范围和对象	具体内容
废气	包括排放的二氧化硫、氟化物、氮氧化物的含尘气体、放射性气体、含毒气体等废气
废水	包括废水中排放的悬浮物、酸、碱、氟化物等
固体废物	包括粉煤灰、废渣、尾矿和危险废物等
其他污染物排放	包括噪声、放射性物质等

对于污染物排放税的税目设置，可以按废水、废气和固体废弃物等污染物的大类设置税目，然后再根据各大类中的具体污染物设置相应的子税目。

②计税依据。因为稀土企业生产工艺流程和环保设备存在差异，不同企业污染物的排放总量很可能与企业产品的产量之间不成相同比例，所

以稀土生产的污染物排放税可以以污染物的排放量作为计税依据。这样可以直接起到限制污染物排放的作用，实现环境保护的目的，也最符合环境税的征收原理。

③纳税人。根据"污染者付费"的原则，稀土污染物排放税的纳税人应当是指在我国境内从事稀土生产而直接向自然排放应税污染物的企业、单位及个体经营者。

④税率。污染物排放税的税率建议采用定额税率，分税目从量计征，可以结合现行排污费征收标准和污染的实际治理成本作为依据，来确定税额的大小。

为了充分反映环境税收激励企业改进生产技术和加强污染治理的目标，污染物排放税税率应该达到或超过企业用于污染治理的成本。税率水平是决定环境税调节作用的主要因素，税率水平的高低将会促使纳税人在减少生产、改进生产技术、安装有效治理设备和环境税缴纳等方面进行选择。

确定污染物排放税税率水平应该符合以下两个方面的要求：一是税率水平应当满足激励稀土企业污染控制和治理的要求；二是税率应该反映污染物超标排放和达标排放的区别。污染物排放税虽然是以污染物排放量为计税依据，但是为了促进企业减少排放和加大治理，应设置阶梯税额，超标排放所应缴纳的税额逐级升高。

污染物排放税实际是排污收费的费改税。考虑到现行排污收费制度在执行过程中对污染排放和治理控制不利，在污染物排放税的税额制定上应高于排污收费，并基本等于或略高于实际污染治理和补偿成本，才能达到环境保护的目的。

⑤征收方式。在环境税费的征收方式确定上，国外对某些难以确定排放量的污染物的排放税的征收，大多也由环保部门负责。为了体现环境税强制征收的特性，税款的征收必须由税务部门负责；但是污染税的征收管理，各类污染物如废气、废水排放量的监测涉及环境保护专业技术，所以税务机关在税基确定时，需要环保部门在技术上进行支持和

合作。因此，稀土污染物排放税的征收方式，建议采取环保核定、税务部门征收的模式，可以根据纳税人的污染物排放监测条件分别确定：一是对具备监测和核算能力的企业，可以由企业自行申报，环保部门审核，税务机关征收；二是对不具备监测和核算能力的企业，或者没有如实申报的，由环保部门核定，税务机关征收。但实行核定征收的，不能在征收额确定后长期不变，而应由环保部门随机检查污染物排放情况，随时调整征收额。

⑥税收优惠。为了确保实施污染排放税的效果，不应该设置太多的税收优惠。但是从实际的角度来看，对于在生产过程中采用先进技术或工艺对污染物排放进行控制和有效治理，并在一定时期达到较好的环境治理或减排效果者，可以给予一定的减税或免税，以鼓励企业的环境保护行为，达到环保目的。

为了更好发挥税收对环境治理和保护的效果，先期试行的稀土污染物排放税可以确定为中央与地方共享税，收入可以按 3 ∶ 7 的比例在中央与地方之间进行分配，地方占大头。一方面国家可以筹集一部分用于跨流域环境问题解决和大的环保技术的研究；另一方面保证地方环境保护的积极性。总的使用方向应该是重点用于环境保护技术研发和污染治理的支持。

（2）调整其他税种中与环境保护相关的税收规定。在我国现有的增值税、企业所得税及关税等税种中，存在一些与环境保护有关的税收政策规定，一直发挥着鼓励污染治理投资、促进环境保护事业发展的积极引导作用。在短期内，我国环境税费体系的构建还应该发挥多税种协调配合的作用。与环境保护相关的其他税种中的相关规定，主要是促进环保产业❶的发展。只有环保产业发展了，才能实现环境税的"双重红利❷"。

---

❶ 环保产业是包括环保设备、产品的生产和环保服务等更为广泛的产业范围。环保服务一般包括环境技术服务、环境咨询服务、污染设施运营管理、废旧资源回收处置、环境贸易与金融服务、环境功能及其他服务等。

❷ 通过环境税的征收，一方面可以加强污染治理、提高环境质量；另一方面获得净经济效益，降低现存税制对资本和劳动产生的扭曲，形成更多的社会就业、个人财富、GDP 总值以及持续的 GDP 增长等。

①现行增值税的相关政策完善。明确对可回收资源继续利用的鼓励政策。对以稀土生产过程中产生的"三废"为主要原料进行循环生产和利用的企业，继续加大税收优惠力度，可以采用即征即退的税率优惠，并尽量减少各种限定条件，进一步提高退税比率。但也要考虑增值税的"中性"税种特征，尽量减少税收优惠安排，特别是中间环节的优惠政策。

②企业所得税的相关政策完善。一是对稀土企业和个体经营者为环保节能投资实行税额抵免，也就是对稀土企业为治理环境污染而发生的调整产品结构、改进生产设备和工艺的投资，给予一定税收抵免的优惠政策，取消以取得所得为前提的享受所得税优惠的政策；二是加大环境服务业的所得税优惠力度；三是对稀土企业综合生产开发如铌、钍等资源产品，无论企业是对外销售，还是储备，都可以享受税收优惠；四是对企业购入的用于环境保护的专业设备实行加速折旧，并加大研发等费用的所得税优惠政策；五是对稀土企业淘汰不符合环保要求的设备和技术而产生的损失或额外支出，明确给予税前扣除的所得税优惠。

5.6.3.4 保障措施

（1）税务部门与环保部门需密切配合。污染物的构成、排放种类、排放量以及污染程度等信息，需要较专业的环境、化学、物理等知识。目前，税务人员普遍还不具备这方面的专业能力，需要环保部门的密切配合。一是要建立信息共享和交换平台，环保部门将污染物日常排放的监测及执法检查情况及时与税务部门共享，让税务部门随时掌握纳税人排放污染物、环保设备运行等情况，税务部门可以结合所掌握的企业生产经营及财务状况与环保部门的信息进行比对分析，核实申报情况。二是税务部门与环保部门可以及时沟通、交换环境税具体征收问题。

（2）资金支持。对于企业采取环保工艺、技术和设备生产环保产品，对环保产品、设备等的研发而产生的短期资金需求和缺口，国家可以给予一定的低息或无息信贷支持，解决短期资金占用问题。对环保部门监测设备和技术的更新，国家应大力给予资金支持。

（3）环境税的国际协调。环境污染一直是国际社会公认的具有跨国外部性的问题，发达国家与发展中国家应该就此互相合作，避免出现"免费搭车"的行为。环境税的国际协调原则主要目的是在世界范围内实现资源的有效配置，使得全球环境与经济实现协调发展，实现全球范围内的可持续发展，同时也要确保在全球范围内环境税的有效实施。中国对稀土开征环境税内容的污染物排放税完全符合环境税的国际协调原则，顺应了国际发展的大趋势。

就稀土产品的生产而言，在开采和冶炼加工环节发生的环境污染是其环境问题的主要来源，稀土应用产品生产造成的污染相对较小，按目前的技术大多稀土应用产品都可以回收利用。从这个角度来看，环境税应该由稀土产品的生产国征收。由于污染物排放税的设计就是对我国稀土生产地的环境损失进行弥补，在生产环节征收，以生产中排放的污染物为课征对象，环境污染造成的损失发生在国内，与是否出口无关，因此稀土产品如果出口也不退已征的环境税。

5.7 本章小结

稀土资源的永续利用和可持续发展是我国稀土产业可持续发展的重要环节，本章首先针对稀土资源可持续发展面临的问题，重新理清稀土资源的价值构成及实现形式，进行彻底的资源税费政策改革，并结合稀土资源税提高后包头市的征收实例，提出了近期和远期优化调整的政策建议：近期征收综合资源税，改革稀土资源税计征方式，确定差异化的稀土资源税税率，改稀土资源税为共享税，提高中央对资源地生态补偿能力，提高稀土资源补偿费的费率，制定共伴生稀土资源补偿费征收的优惠规定，适当提高矿业权价款和使用费的收费标准；远期建立以权利金、资源保护税和特别收益金为主的稀土资源税费制度。资源税费政策通过改革和调整，全面反映稀土资源价值，提高资源开采环节的税费负担，一方面通过开采成本的增加，提高开采企业的进入门槛；另一方面增加的成本体现在稀土价格上，促使应用企业节约使用稀土，促进稀土资源可持续发展。

其次，本章对环境保护的政府直接管制、环境税收制度、财政支出制度、排污权交易制度、生态补偿制度以及国际合作等政策工具进行了介绍。本章还对现行环境税费制度存在的问题及原因进行了分析：环境税制度存在环境税与收费制度错综交叉、环境税种的设置不完善、以鼓励环境保护为目的的税收优惠政策实施力度不大等问题；环境费制度存在环境保护收费政策不合理、环境保护收费制度不能有效地实现污染治理及环境收费制度的法律保障不健全等问题。这些问题的存在与政府的重视力度、职能及全民环保意识密切相关。

结合我国现行环境税费存在的问题和稀土产业发展的现状，本章提出有利于稀土产业可持续发展的环境税费政策建议：在效率性、环保性和可持续性目标的指导下，遵循先期试点，逐渐推进、激励环保行为为主，筹集收入为辅和体现税收公平和效率的原则，充分考虑稀土产业自身特点和行业税费的整体现状，对稀土产业的环境税制度设计提出建议；建议在稀土产业可先行开征污染排放税，并配合在其他税种中做出与环境保护和治理相关的规定，重点解决稀土生产环节污染的治理和环境的改善，并加强税务部门与环保部门的密切配合、资金支持和环境税的国际协调等实施保障。

6 稀土产业可持续发展中的生态环境补偿

在稀土资源开发过程中只有对生态环境进行保护和恢复治理，才能实现资源地的可持续发展。本章在矿产资源耗竭理论、生态环境价值理论、外部性理论、可持续发展理论及公共物品理论基础上，对稀土资源开发的生态环境补偿原则、补偿主体、补偿客体、补偿形式和补偿费用构成进行分析，并借鉴澳大利亚、美国、德国等国家生态补偿经验，对我国稀土资源开发的生态环境补偿进行制度设计。

6.1 生态环境补偿的理论基础

稀土资源的开发会造成资源的损耗、生态环境破坏以及矿产地发展能力受损，根据矿产资源耗竭理论、生态环境价值理论、外部性理论、可持续发展理论及公共物品理论，因稀土资源开发造成的各种损害必须进行补偿，具体如图 6-1 所示。资源耗竭性理论和可持续发展理论认为，资源储量是有限的，会随着开采利用而不断下降，这就会影响到后代人对资源的使用。因此，必须想办法对资源进行补偿，从而保证后代人对资源的使用。根据生态环境价值理论和稀缺理论，生态环境是有价值和稀缺的，要求人们在使用时，一方面要充分考虑自己的实际需求，另一方面要充分顾及生态环境的内在系统价值。外部性理论是制定相关生态环境经济政策的重要依据。在生态环境的生产和消费过程中，没有将相应的成本效益凸显出来，使得生态环境破坏变成可以收益但不遭受处罚的行为，结果就是生态环境保护领域无法实现帕累托最优化。生态环境的公共物品属性与个体行为的不理性，决定了"公地悲剧"现象难以避免。为解决"公地悲剧"的问题，要求建立资源生态环境补偿机制来约束个人行为，从而将负外部性内部化。

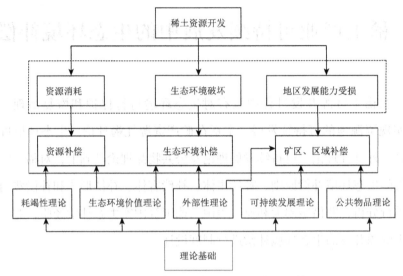

图 6-1　稀土资源开发生态补偿的理论基础

6.2 稀土资源开发生态补偿原则

6.2.1 破坏者负担原则

确定稀土资源开发生态补偿的原则，首先要明确谁来补偿，即补偿主体问题。从已有的研究看，就补偿主体问题而言，主要有两种观点，一种认为应由破坏者进行补偿，另一种认为应由受益者来补偿。就前者而言，主要是针对行为主体对公益性的生态环境产生不良影响从而导致生态系统服务功能退化的行为进行的补偿，这一原则适用于区域性的生态问题责任的确定；就后者而言，其出发点在于保护生态环境的功能，故而该原则所强调的是生态环境所具有的价值，但其缺点在于会强化受益者的负担。就稀土资源开发生态补偿而言，应该实行破坏者负担的原则。具体来说，对于生态环境破坏主体明确的，应该由该破坏者承担生态环境补偿的完全责任，而且要确保生态环境的治理与恢复达到国家标准。当然，对于那些生态环境破坏主体不明确的，可以实行多主体共担的方式，即由矿区所属政府牵头，行业内部共同负责生态环境治理与恢复。

6.2.2 "新账"与"旧账"分治原则

稀土开采所造成的生态环境破坏，既有历史遗留问题的旧账表现，也有当前和未来必然面临的新账问题。就"旧账"而言，主要是一些历史遗留问题，即在实施生态环境保护之前，因稀土资源开发利用所造成的生态恶化与环境破坏问题，其突出表现为各种废弃稀土矿山和已经开采多年的在采矿山；就"新账"而言，指的是生态环境补偿法律法规实施后，因稀土资源开发利用所造成的生态恶化与环境破坏问题，主要表现为各种新建和拟建的稀土开采厂区。实施"旧账"与"新账"分治的原则，其根本原因在于历史遗留问题的责任人很难明确。基于此，"旧账"的治理，应该由国家或政府来负责实施，对生态环境进行治理与恢复；而"新账"的治理，则要强调破坏者承担的原则，由造成生态环境破坏的稀土开采企业进行生态环境补偿与恢复。

6.2.3 把恢复治理稀土矿山生态环境作为补偿的根本目的

明确稀土资源开发生态补偿的基本原则，要求明确补偿的根本目的。就稀土生态环境补偿资金的使用以及补偿方式的设计而言，其取决于补偿的目的。应该说，对稀土资源开发进行生态环境补偿，不应当以经济支付的方式对受损的资源所有者进行补偿，而关键是要对因稀土开发利用造成的生态环境进行治理与恢复。由此可见，稀土资源开发的生态环境补偿，不仅是向资源开发者征收补偿费，然后再向受害者支付补偿费，而是要把生态环境保护与治理的理念渗透到稀土资源的开发利用过程中。

6.3 稀土资源开发生态补偿的主要问题

6.3.1 补偿主体

6.3.1.1 国家补偿

就我国的稀土资源开发生态补偿而言，由国家作为补偿主体是一种最容易实施的方式，当然也是当前最重要的一种方式。具体而言，作为一种公共物品，生态环境的治理和保护，由国家直接实施最为有效；从另一个角度讲，生态恶化，也是政府失灵的重要表现。基于此，作为社会公共利益的代表，国家不仅有义务，也有责任承担起对稀土资源开发的生态补偿。国家在对稀土资源开发进行生态补偿时，应该充分发挥其宏观调控作用，利用各种经济的、法律的手段，不仅要从自身角度来强化生态环境补偿的资金投资力度，还要制定各种激励措施和奖罚措施，充分调动社会力量，使生态环境补偿更有保障和基础。一般而言，国家补偿的措施主要有财政转移支付、差异性的区域政策、生态保护项目实施、环境税费制度等。

当然，在土地、森林、草场资源日渐紧缺的情况下，国家或地方政府也可以将废弃矿山作为可利用资源，在保证恢复治理的前提下，出租废弃矿山使用权以换取生态恢复。实际上这一方式的采用可以实现四方共赢，即国家少投入或以废弃矿地投入而实现治理，地方政府因生态恢复治理而受益，治理企业可得到土地使用权，当地民众也可享受治理成果。

从法律关系的角度看，以国家为主体进行稀土资源开发生态补偿，实质上是赋予了国家双重角色，即稀土资源价值的所有者和行政管理者双重身份。在计划经济时期，我国实行全民所有制，国家作为自然资源（包括稀土资源）的唯一所有权人。基于特定历史时期的需要，国民经济的快速发展要求国家主导资源开采。但是，这一时期国家尚未就稀土资源开发生态补偿进行制度或立法层面的规定，资源滥采现象突出，从而导致生态环境破坏严重，其结果就是大量废弃稀土矿区闲置。显然，作为稀土资源开发的主导者和稀土资源价值的所有者，国家应当承担起生态环境治理恢复的责任，全面对"旧账"进行清理。

6.3.1.2 受益者补偿

"破坏者负担"是稀土资源开发生态补偿的基本原则。在稀土资源开发过程中，各类稀土开采企业（包括正在进行开采的企业和拟新建的开采企业）就是生态环境的"破坏者"，当然也是资源开采的"受益者"。稀土开采企业因进行资源开发与利用而造成生态环境破坏，必须就此承担相应的矿区生态环境补偿义务。当然，稀土开采企业进行补偿，不仅包括单纯的生态环境，还涉及由于采矿而造成的矿区居民生活成本增加。需要强调的是，在稀土资源开发过程中，矿区所在地也是稀土资源开发的间接受益者，主要指经济上的效益，当然环境上受损，矿区所在地也应当承担部分的生态环境补偿责任。从当前的实践看，矿山企业进行稀土资源开发生态补偿实现的方式有多种，其中最重要的有三种，一是缴纳资源税费，二是缴纳生态补偿费，三是缴纳生态恢复保证金。另外，可以加大各类税费在矿区所在地政府的留存比例，以增加地方政府补偿能力。

6.3.1.3 社会补偿

社会补偿是国家补偿和受益者补偿的重要补充，指的是各种社会组织及团体向稀土资源开发生态补偿提供的资金帮助或其他援助。向稀土资源开发生态补偿提供帮助的社会团体有多种，如各种环保组织、非资源型企业、非政府组织、环保基金、国际组织、个人等；提供补偿的方式也是多样化的，其中最重要的方式为资金提供，当然也可以直接参与生态环境治理与重建。但是，受制于时间和空间的约束，社会组织参与稀土资源开发生态补偿，往往需要借助各种媒介，所以作为媒介的各种补偿机构的作用不容忽视。

本质上讲，社会补偿机构不仅仅发挥着稀土资源开发生态补偿的作用，还发挥稀土企业和当地政府的联结作用。正是基于这种联结的桥梁作用，社会补偿机构极大促进了环保产业的发展，同时还引导着更多的社会资本投向环保领域。因此，强化对稀土资源开发的生态补偿，要求重视对生态环境治理的宣传，依托各种社会补偿机构向社会传递环保理念，从而吸纳更多的资源参与到稀土资源开发的生态环境保护与治理中。

6.3.2 补偿客体

6.3.2.1 稀土资源补偿

对稀土资源开发进行生态补偿，首先要着眼于稀土资源本身的补偿。

把稀土资源作为补偿客体，其存在两个方面的意义：其一，依法对稀土资源进行开采所造成的生态环境破坏，应当由稀土开采企业作为补偿者，向稀土所有者（即国家）进行补偿；其二，非法或过度对稀土资源进行开采所造成的生态环境破坏，应当由稀土开采企业通过某种途径向"后代人"进行补偿，增加勘探能力以发现新的稀土资源或替代资源，即通过代际补偿实现稀土资源的延续使用或替代。从我国当前的实践看，对稀土资源的补偿，实质上就是对稀土资源开采导致的损失进行补偿，具体表现为稀土权利金和资源税费的征收。当然，基于现实需要，应当考虑对资源税费体制进行改革，优化稀土资源税费构成，全面反映稀土资源价值，并将其作为稀土资源生态补偿费的主要来源。

6.3.2.2 生态环境补偿

稀土资源的开发与利用，不仅会造成稀土资源本身的减少，还会导致资源区周围生态环境的恶化，如水土污染、大气污染等，这会严重影响当地经济的发展乃至居民的生存。毋庸置疑，因稀土开发所造成的生态环境破坏，往往较稀土资源减少更为严重，影响也更加广泛。基于此，需要对矿区甚至更大范围区域的生态环境进行治理与恢复，相应地，这些被破坏的生态环境也就成为稀土资源开发生态补偿的客体。对稀土资源开发的生态环境进行补偿有两种情况：一种为即期补偿，主要表现为一些在短期内实现恢复的生态环境问题，如植被修复、土地复垦等，能够在短期内使其恢复原有的生态功能与生产能力；另一种是远期补偿，主要表现为一些在短期内难以实现恢复的生态环境问题，如大气污染、水土污染的补偿等。显然，单纯依靠稀土开采企业是很难实现远期补偿的，它需要更多的社会力量、政府力量介入其中。

6.3.2.3 受害者和治理者补偿

稀土资源及其相应的生态环境是稀土资源开发生态补偿的最直观的客体，除此之外，稀土资源开采的受害者和治理者也应成为重要的补偿对象。具体来说，稀土资源开采造成生态环境恶化，但其更严重的是影响当地居民的生产和生活，轻则造成经济损失，重则危及居民健康。因此，理应把稀土资源开采的受害者作为补偿客体。除此之外，生态环境治理者进行生态治理，一方面会因环境污染而成为受害者；另一方面生态环境治理也会间接地创造价值。基于此，不论是作为受害者，还是作为价值创造者，作为稀土资源开发的生态环境治理者，都应该成为重要的补偿对象或补偿客体。需要强调的是，其他的污染间接受害者，或者间接因生态治理而创造价值的人，由于其难以鉴别和认定，故而不能将其纳入到补偿范围内进行补偿。

6.3.3 补偿形式

6.3.3.1 政策补偿

作为稀土资源开采生态环境补偿的重要主体，国家提供补偿的形式有很多种，其中最重要的一种就是政策补偿，如差异化待遇、政策扶持等。当然，这种政策补偿是上级对下级的补偿，具体表现为中央政府对省级政府、省级政府对市级政府的权限扩大或待遇支持。在政策补偿的条件下，享受补偿的主体（如地方政府、矿区企业等）有权在一定范围内，利用优惠政策而推出相应的办法措施，促进生态环境治理与恢复。一般而言，政策补偿更具有针对性和引导性，如对矿区治理企业或环保企业给予更多的优惠措施、给予资金贫乏矿区以优先治理等。

6.3.3.2 资金补偿

在所有的稀土资源开采生态补偿形式中，资金补偿是最常见、最直接的一种补偿形式，主要有税收减免、财政转移支付、财政补贴、赠款、退税、贴息等。在诸多的资金补偿形式中，财政转移支付主要表现为高污染企业对低污染企业、受害者或治理者的资金补偿，即向高污染、强破坏的资源企业征收高额税赋，并将所征收的税金转移给低污染企业、受害者或者治理者。贴息是一种优惠贷款，主要表现为商业银行以较低的利息向低污染企业或者环境治理企业提供信贷资金，支持并引导更多的企业从事生态环境治理。除此之外，政府还可以建立稀土资源开发生态补偿专项基金，专门用于支持各种生态环境治理。当然，该基金可以通过发行债券、吸纳社会捐款、征收资源补偿费等方式来筹集资金。总之，不论是哪一种资金补偿形式，其关键都在于确保资金的专款专用，确保其用于稀土资源开发的生态补偿。

6.3.3.3 实物补偿

不论是稀土开采企业对生态环境的保护，还是治理企业对生态环境的恢复，都离不开各种技术和设备。基于此，对稀土资源开发进行生态补偿，除了提供政策和资金外，还可提供更直接的技术、设备等实物，即进行实物补偿。应该说，与政策补偿和资金补偿相比较，实物补偿更有助于提高补偿的针对性和有效性，能够对生态环境治理改善产生更直接的作用。

6.4 稀土资源开发生态补偿费用构成

6.4.1 废弃矿山补偿费用构成

稀土开采所造成的废弃矿山是由于历史原因而形成的，所以应当由政府担负生态环境补偿的责任。废弃矿山的修复主要包括矿山开采占用土地的复垦、植被恢复、水污染治理及水土保持等内容。

毋庸置疑，政府对废弃稀土矿山进行补偿，其补偿费用的主要构成为财政资金，同时还有部分社会资金（见图 6-2）。具体来说，废弃矿山的补偿费用可以由四部分内容构成：一是政府财政资金，这是构成废弃矿山补偿费用的主体部分，其具体包括政府每年向废弃稀土矿山治理直接拨付的财政资金、通过征收各种矿产资源税费（资源税、矿业权出让金等）而征缴的资金，以这些资金成立废弃矿山土地复垦基金。此外，国家还可以通过发行生态治理国债的方式，为稀土废弃矿山治理筹集资金，专门用于废弃矿山的修复。二是向处于生产运营中的稀土开采企业征收生态补偿费，把该补偿费作为废弃稀土矿山补偿费用的组成部分，其实质上就是现有企业对以前造成的生态环境破坏进行义务性补偿。三是社会资金，如各种环保组织、非资源型企业、非政府组织、环保基金、国际组织、个人的捐款等，当然也包括所提供的生态环境治理方面的技术服务。四是其他款项，主要有矿山企业缴纳的各种罚款、滞纳金等。除此之外，补偿费所产生的利息收益也可以用于废弃矿山的补偿，所以该利息也属于补偿费用的构成。

以上资金来源可以归入废弃矿山土地复垦基金统一支配，专款专用。

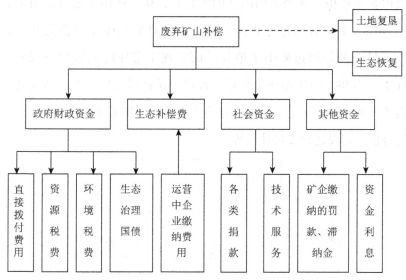

图 6-2　废弃矿山补偿费用构成

对稀土资源开发的生态补偿，需要专门的政府机构进行督导，该部门可以是国土资源部门，也可以是环境保护部门，还可以是国土资源部与环境保护部相结合的某一部门。在修复稀土废弃矿山时，督导机构首先要进行勘测，从而搜集与矿山修复相关的地理信息；在此基础上，对稀土废弃矿山的破坏程度进行评估，从而确定废弃矿山修复的区域及顺序。其中，应把破坏程度严重且危害较大的废弃矿山作为重点，优先进行修复；而那些破坏程度较轻或者有季节性要求的废弃矿山，应适当延后。

在对废弃的稀土矿山进行治理恢复时，一方面要强调矿山土地的复垦和恢复，另一方面要着眼于全局，对矿山周围的生态环境进行修复。基于废弃稀土矿山修复的重要性，要求有专门的监管机构进行时时监控，同时还要有专业的评估机构进行治理后评估，从而对废弃矿山的修复质量提供保障。

6.4.2 新建和正在开采矿山补偿费用构成

就新建和正在开采的稀土矿山生态环境补偿而言，其所产生的费用一般由开采企业全额担负，也就是说，稀土资源开发生态补偿的"新账"主要由企业承担。从当前国内外的实践看，稀土矿山企业对矿山生态环境的补偿，主要有两种方式：一种是直接对生态环境的恶化进行货币补偿，另一种是通过矿山土地复垦而实现生态环境的治理与恢复（见图 6–3）。其中，因生态环境恶化导致稀土矿区居民的生产生活受到严重影响的，开采企业应给予居民相应的货币补偿，如土地青苗补偿、建筑物损坏补偿、居民迁移安置补偿等。

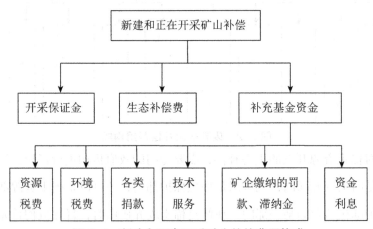

图 6–3　新建和正在开采矿山补偿费用构成

两种补偿方式相比较而言，土地复垦在新建和正在开采稀土矿山补偿中占据着更加重要的地位，当然也是最常用的一种补偿方式。通过土地复垦进行生态环境补偿，要求稀土开采企业在取得稀土开采许可证之前，一方面按照既定要求对稀土矿区的土地复垦进行规划，另一方面按照规定提交相应的稀土开采方案及环境评价报告。应该说，稀土开采企业取得开采许可证，是以其提交的开采方案和土地复垦计划有效可行为前提的。

以土地复垦为主要方式对新建和正在开采矿山企业征收生态补偿费，可以通过缴纳保证金来为生态环境补偿提供有效的资金保障。显然，该保证金应当在稀土企业取得开采许可证之前，按照一定的数额缴纳给相关的机构。就保证金数额的确定而言，应当根据稀土矿区土地复垦所需要的资金进行估算，并由专业机构复核审查来确定。一般而言，估算的保证金数额要略大于实际土地复垦所需要的金额。基于此，如果稀土开采企业没有按要求履行相应的责任，那么政府就有权利使用该笔资金来进行矿区土地复垦；如果稀土开采企业按要求较好地履行了责任，那么应将该保证金退回企业。

稀土开采企业按照高于补偿预算的金额来缴纳保证金，但该数额不一定能够真实覆盖生态环境补偿的实际费用，在很多时候，实际中的生态环境补偿费往往要高于企业缴纳的保证金。基于此，保证金应由两部分组成：一是经预算的补偿费，即按照地貌、采矿面积等指标来估算需要缴纳的保证金数额；二是补充基金，主要包括各种罚款、开采许可费、财政转移支付等。需要强调的是，两个组成部分并非完全混在一起，只有当预算补偿费无法覆盖生态环境补偿所需费用时，才可以动用补充基金。显然，补充基金在很大程度上不仅保证了生态环境补偿资金的充足，还缓和了稀土开采企业的生态环境恢复压力。

6.5 国际经验借鉴

6.5.1 澳大利亚

在澳大利亚，采矿被视为一种短暂性的土地使用方式，故而在采矿的同时，需要对土地进行恢复，使其恢复原有的生产能力，这一过程就是土地复垦。总体来看，澳大利亚对矿产资源开发的生态环境补偿，是源于

20 世纪 70 年代之前因矿产过度开采所造成的生态环境恶化。而进入 20 世纪 80 年代，澳大利亚开始重视对矿区生态环境的治理与保护，并推出了一系列的办法，如《环境保护法》（1986）、《矿产资源开发法》（1990）等。应该说，这些法律法规的颁布，在很大程度上改变了澳大利亚的矿产资源开发模式，强化了对生态环境的治理保护。澳大利亚的土地复垦一般要经历初期规划、审批通过、清理植被、土壤转移、存放和替代、生物链重组、养护恢复、检查验收等若干个节点，其执行复垦保证金制度，并且基于鼓励和推广的目的，同时还要求复垦工作做得最好的几家矿业公司只缴纳 25% 的复垦保证金，而其他的公司则必须百分百地缴纳。

矿区土地复垦的相关制度由中央政府负责制定，同时赋予各州较大的权限，使其可以根据自身情况设计专门化的管理制度。总体来看，澳大利亚的土地复垦计划主要有四大特点：一是管理体制方面。在澳大利亚，不论是国家层面，还是州政府和矿山层面，都对矿区土地复垦进行了制度安排，并由专门的管理机构（环境局）进行监管和督导。二是目标控制方面。澳大利亚对土地复垦的总体目标进行宏观层面督导，并有环境保护局根据各州的实际情况，进行专门化的土地复垦目标设定。当然，就具体的土地复垦目标设定，政府制定了一系列的参考依据和要求，所有的目标设定都应满足这些条件。三是土地复垦内容方面。澳大利亚的矿区土地复垦是一个综合性的体系，不仅包括土地复垦，还包括水资源管理、采矿后的污染防治等多个方面。矿山企业要求根据政府的总体目标，就土地复垦的具体方案、生态补偿的具体目标、考核参数等内容，进行详细阐述。四是土地复垦的监控方面。对于土地复垦的监控，澳大利亚政府主要采取了两项措施，一项是实行土地保证金制度❶，另一项是对矿区土地复垦的年度计划实施进展进行动态跟踪监控。

---

❶ 澳大利亚矿业公司根据制定的土地复垦计划，对开矿造成破坏的土地面积、类型、修复难度等情况进行成本测算，报环境局审查。环境局根据上年度矿业公司土地复垦任务完成情况，对周边类似案例进行类比分析，审核矿业公司列支的土地复垦费用，确定保证金缴纳额度。

6.5.2 美国

1939 年，美国弗吉尼亚州颁布了第一部采矿管理法案——《复垦法案》，美国国会在 1977 年又颁布了《露天开采治理与复垦法案》（以下简称《复垦法》）。在《复垦法》中统一的露天矿管理和复垦标准以法律的形式规定并建立起来，要求对新破坏的土地实行边开采边复垦，同时还要求对复垦以前废弃的土地也必须进行治理。从法律地位上讲，《复垦法》相当于美国的土地复垦宪法，内容涉及从联邦到州（省）的矿山土地复垦法律条款，对中国实施生态环境补偿具有重大借鉴意义。

总体来看，美国的《复垦法》主要涉及三方面内容：一是针对已废弃矿山的土地复垦基金制度。该制度要求在国库中成立废弃矿山土地复垦基金，用于向废弃矿山的土地复垦和紧急项目提供资金。该基金的来源主要有矿山企业缴纳的费用❶、社会组织及个人的捐款、罚款❷、滞纳金及基金投资所得等。二是土地保证金制度。根据《复垦法》的规定，矿山企业需要根据复垦批准的要求，向美国内政部缴纳一定数额的保证金（一般而言，为保证土地复垦工作的落实，每个许可证的保证金应不少于 1 万美元），用于保证土地复垦工作完成。当然，在矿山企业完成土地复垦工作且检验合格后，全额返还所缴纳的保证金。保证金的缴纳形式可以是现金、担保债券、信托基金或不可撤销的信用证。三是建立矿山开采许可证制度。根据该制度，只有获得开采许可的矿山企业才能进行开采活动。矿山企业在申请开采许可时，需要提交开采计划，重点介绍开采所使用的技术、设备、开采范围等。最重要的是，在提交开采计划的同时，还要提交土地复垦计划并缴纳土地复垦保证金。

---

❶　露天开采煤矿每吨缴纳 35 美分，地下开采煤矿每吨缴纳 15 美分或按每吨销售价格的 10%缴纳（两者中取少者缴纳），褐煤每吨缴纳 10 美分或按每吨销售价格的 2% 缴纳（两者中取少者缴）。
❷　对弄虚作假、不如数缴纳废弃复垦基金的，根据情节轻重，罚 1 万美元以下的罚金或处 1 年以下监禁，或两者并处。

6.5.3 德国

在矿区生态环境补偿方面，德国的做法与美国的做法相仿，都是针对以往矿产资源开发所造成的生态恶化与环境破坏等现象，由政府依托法律手段，通过立法的形式来推动生态环境补偿。当然，基于国情的不同，德国与美国的做法也存在一定差异，突出表现在资金筹集方面，德国是依托各州之间的横向转移支付，而美国则实行成立补偿基金的方式来筹集资金。具体而言，在处理以往矿产资源开发所造成的生态恶化与环境破坏问题上，德国成立了专门的矿区土地复垦企业进行生态环境治理与恢复，该过程所需的资金全部来源于各个州之间的横向转移支付基金。该基金由两部分组成：一是按照国家规定的统一标准，由经济发达的州向经济落后的州进行财政转移支付；二是从各州的销售税中扣除 1/4，剩下的 3/4 根据每个州的人口数，在各个州之间进行分配。

上述生态环境补偿是针对历史遗留生态恶化与环境破坏问题而言的，除此之外，德国的联邦矿山法还就新开采矿区的生态环境补偿进行了专门的规定。具体来说，一是要求矿山企业在申请矿区开采前，必须提供与之相对应的矿区土地复垦方法作为前提条件；二是从矿山企业的年度利润中提取 3%，作为矿区土地复垦专项资金；三是对采矿所占用的土地实行异地补偿，即在其他地方重新实现森林、草地等原矿区土地的恢复。除此之外，矿山企业在采矿和土地复垦中，必须严格遵守德国政府所指定的环境标准和质量要求。

6.5.4 借鉴与启示

发达国家在矿产资源开采生态环境补偿方面的成功经验，可以对我国稀土矿产生态治理与恢复提供很好的借鉴与启示。

首先，包括稀土资源在内的矿产资源开发生态环境补偿，不仅是政府的行为，也是市场的行为，这就需要正确地处理两者之间的关系。从发达国家的实践经验看，基本上都是利用市场的力量来促进矿产资源开发的生态补偿。例如，美国在实施土地复垦计划时，尽管政府在其中发挥着很重要的作用，但是相关补偿费率的计算却是依托市场力量来完成的。因此，我国设计稀土资源开发的生态补偿机制时，要充分发挥市场的力量，尽可能地弱化政府"有形之手"的干预，从而改变政府主导生态环境补偿的格局。当然，我国也有自己的国情，即在初级阶段，政府仍然需要扮演主要角色，以积极培育相关的市场，待成熟之后再交给市场。

其次，稀土资源开发的生态补偿制度要保持相对一致性，具体表现为地方政策要与国家政策相一致，同时补偿制度还需要相应的配套制度予以支持。应该说，稀土资源开发生态补偿政策的实施，必然要产生分歧。不仅如此，作为一项系统性工程，稀土资源开发的生态环境补偿，不可能单纯地依靠一项政策就能完成，它需要多项政策共同作用才能实现，其中不可避免的就是政策与政策之间存在矛盾与冲突。面对这种情况，就需要强调国家与地方之间、政策与政策之间保持相对一致性。当然，这种一致性并非等同，而是要突出不同地区的具体要求，给予地方政府相应的政策灵活性。

再次，政策的实施离不开完善法律体系的保障。发达国家对矿产资源开发的生态环境补偿，不是单纯地依靠政策制定与实施而实现，它离不开相关法律体系的支撑与保障。例如，澳大利亚、美国、德国在实施土地复垦计划时，都配套地推出了相关的法律，或者在已有法律文本中就土地复垦进行规定与描述，从而将土地复垦由政策层面上升至法律层面，使其更有强制性。我国制定稀土资源开发的生态补偿制度，也离不开法律的保障。具体而言，就是不仅要制定稀土资源开发生态补偿的国家政策，还要将生态环境补偿的原则、方式等内容纳入到法律框架内，依托土地管理法、矿产资源法、环境保护法等各种法律，将政策制度化，从而使政策的制定更有保障。

最后，我国制定稀土资源开发的生态环境补偿制度，必须强调生态目标，也就是说在生态补偿与生态目标之间架起一座桥梁。具体而言，我国要明确稀土资源开发生态补偿的目标，从更细化的层面上就应当实现的效果进行诠释，而不能仅停留在原则制定方面。只有明确了补偿目标，才能使补偿更有效。

6.6 稀土资源开发生态补偿的制度设计

6.6.1 矿产资源税费制度

2011 年财政部与国家税务总局通过了 9 月 30 日修订的《中华人民共和国资源税暂行条例实施细则》，并于 2011 年 11 月 1 日起开始实施。新条例修订的重点是将原油和天然气资源税的计征办法由"从量计征"改为"从价计征"，即按照应纳税资源产品的销售收入乘以规定的比例税率计征，税率为销售额的 5%～10%。客观来说，由"从量计征"向"从价计征"转变是矿产资源税费改革的重点，但这显然不够。应该说，矿产资源税费制度的建立，关键在于理顺矿产资源的收益分配关系，实现对资源性地区各种价值规定的合理补偿。就稀土资源税费制度设计而言，其应纳入到矿产资源税费制度体系中，并重点强调以下三点。

其一，要实现对稀土资源所有者（即国家）的补偿。对稀土资源的所有者进行补偿，本质上就是不能将稀土开采的负外部成本全部转嫁给国家财政，而要通过收取权利金的方式将这种负外部成本由开采主体与国家共同负担。具体来说，将资源补偿金调整为资源权利金，按消耗资源的储量"从价计征"，同时要适当提高收费标准。在具体操作时，国家可以成立专项基金，用资源权利金充实该账户，同时预留出部分权利金，用于修复稀土资源开采所造成的各种生态破坏。❶

其二，要实现对稀土资源产区可持续发展的补偿。稀土资源的开采与使用必然带来诸多问题，然而这些问题往往又由地方财政来负责

---

❶ 路卓铭，沈桂龙，于蕾.短缺与可持续双重视角下资源开发补偿机制研究——兼论我国资源型城市可持续发展的长效机制［J］.财经研究，2007（9）：4-14.

解决。但是，单纯依靠地方政府的财政资金，很难实现稀土资源开采后问题的解决。基于此，可以考虑将矿业权使用费、矿业权价款等税费合并，从而形成稀土资源开采地的发展基金，专门用于生态环境治理等问题。当然，基于资源型城市对稀土开采使用收益的依赖，也可以将上述资金用于高新技术产业扶持、社保体系完善等方面，从而促进资源型城市转型，避免"矿竭城衰"的恶性后果。

其三，要改革对稀土资源开发主体补偿的税费制度。一方面，在稀土资源企业的增值税由生产型转变为消费型后，按照特定比例提取销售收入以组建企业发展基金，专门用于支持矿业企业可持续发展；另一方面，可以按比例从资源销售收入中提取一部分，成立专门的环境治理基金❶用于采后生态环境改善。与此同时，针对部分行业因垄断等原因所产生的高额利润，中央政府可以考虑征收"暴利税"或称矿产增值税，具体来说就是对于因资源价格短期波动而产生的超额收益进行部分征缴，专门用于新能源的开采以及企业国际化战略的实施。

6.6.2 征收生态补偿费

为了防止生态恶化与环境破坏，自 20 世纪 50 年代起，许多国家对矿山企业征收生态补偿费，专门针对矿山企业因矿产开采使用所造成的不良生态环境进行恢复与治理。在我国，征收生态补偿费已经开始试点试行，但从实际效果看，目前的生态补偿费制度仍缺乏统一的制度安排。就稀土资源开发的生态补偿制度而言，依托征收生态补偿费来强化产业可持续发展，要求把征收生态补偿费制度上升至立法层面，这主要涉及征收对象、征收主体、征收范围、征收标准、征收方式等内容的确定。

首先，看征收对象与主体的确定。根据"受益者付费"原则，应由环境保护行政主管部门向稀土资源开发利用企业以及其他相关稀土资源受

---

❶ 这部分资金可以由政府代管，也可以由企业自己管理，但不论采取何种形式，都要实行严格的监督，以确保资金用于生态治理。

益者征收生态补偿费。所征收补偿费的金额应当按照既定的比例或标准从稀土开采企业的销售额来计算。当然，实际应当征收的金额，必须根据具体的生态环境破坏程度以及对矿区经济社会的影响来确定。在具体征收时，可以按年度征收，也可以将其分解至每个月即按照月度来征收。所征收的生态补偿费，应当纳入专门的稀土资源生态补偿基金中，专门用于稀土资源开采后的矿区生态治理与恢复。当然，这部分生态补偿费也可以由国土资源管理部门进行代收，再统一交由环境保护部门进行统筹使用。需要强调的是，为避免同一部门的重复收费，稀土资源的生态补偿费是由国土资源管理部门进行代收而不是征收。

其次，看征收范畴和标准的确定。就征收范围而言，只要涉及稀土开采就应征收生态补偿费，具体包括稀土生产、项目建设等。就稀土资源生态补偿费的确定而言，应基于稀土资源开采利用所造成的生态价值损失来估算，同时还要充分考虑社会经济的承受力。在具体的标准制定时，既可以根据稀土开采企业销售额的一定比例（如 1% ~ 3%）进行征收，也可以根据稀土开采企业投资额的一定比例（如 0.5% ~ 0.7%）进行征收。

最后，看生态补偿费的管理与使用。以稀土资源生态补偿费为主体而成立的专项基金，要求专门用于稀土资源开采使用后的生态环境保护、治理和恢复，以及其对矿区居民的生产生活补偿，而不得用于其他方面。在具体操作时，应当由国家进行统一的监督管理，环境保护部门应会同财政部进行时时动态监管，并按照相关要求定期或不定期地公开披露基金使用情况。

针对我国的稀土资源开发补偿的实际情况，所征收的补偿费可以按一定比例用于三个方面：一是对稀土矿区生态环境的恢复与治理，这部分资金可以通过国家向矿区所在地返还补偿费的方式来实现，其资金额可以占征收补偿费的 20%；二是对优先治理废弃矿山的修复与土地复垦，这部分资金额可以占征收补偿费的 60%；三是对其他废弃稀土矿山的修复，这部分资金额可以占征收补偿费的 20%。

6.6.3 矿山恢复治理保证金制度

矿山恢复治理保证金是一种备用治理费或者说是质保金，其主要用于矿山开采后的环境恢复治理、地质灾害防治等。目前，我国在国家层面以及绝大多数省市都出台了相关的办法文件，这对我国矿山恢复治理起到了巨大促进作用。但总体来看，已有的办法更多是从保证金的收缴、存放、返还、使用、复审、监管等方面进行表面层次的规定，而没有体现出可持续发展的价值取向。基于此，建立我国的矿山恢复治理保证金制度，要求基于已有的制度安排，进行制度的进一步完善与优化。

首先，要理顺并统一矿山恢复治理保证金制度的法律体系。鉴于我国矿山恢复保证金制度的混乱，应明确国土资源部在矿山恢复保证金制度设计中的主导地位，由国土资源部会同水利部、国家林业局、财政部等多部门，统一规范矿山恢复保证金制度安排，同时，应由环境保护部作为监管部门，来监管矿山恢复保证金制度的执行与实施。

其次，要推动矿山恢复保证金形式的多样化。在我国，矿山恢复保证金采用现金形式，这就在无形中强化了矿山企业的财务负担。基于此，我国要尝试并推动矿山恢复保证金的形式多样化。在具体操作时，可以分阶段推动其他形式。其中，在初级阶段，为保证矿山恢复保证金制度的顺利推进与实施，应仍以现金形式为主，同时大型矿山企业可以使用少量高流动性的非现金保证金（小型矿山企业只能使用现金保证金，以强化其环境恢复治理的观念）。伴随着矿山恢复保证金制度的不断成熟，可以逐步提高非现金保证金的缴纳比例。待相关制度完全成熟和矿山企业观念转变之后，就可以采取以非现金为主、现金为辅的形式，从而弱化矿山企业的财务负担。

最后，要完善矿山恢复保证金的复核审查制度。一方面，要强化对矿山恢复保证金缴纳额度的复审，确保该保证金既能够满足矿山环境恢复治理，又不会对矿山企业造成财务负担；另一方面，要强化对矿山环境恢复治理状况的复审，具体来说就是根据具体情况来设置相应的间隔期，在间隔期过后，由监管部门对矿山恢复治理情况进行重新审查，从而确保恢复治理的效果。

6.6.4 其他配套政策建议

6.6.4.1 提高稀土开采的生态环境保护资金和技术门槛

生态环境保护进入门槛的提高，一方面可以继续完善目前的环境影响评价手段，来抵制稀土开采的狂热，将不符合环境影响评价的开采者拒之门外。另一方面，要配合更加有效的其他手段来限制不合规的开采行为：一是采用经济手段，二是采用技术标准。这两个手段应同时使用，也就是从稀土开采的源头就设定足够高的生态保证金和严格的开采和恢复的技术监管门槛，以此来减少开采带来的生态破坏，真正实现稀土产业的可持续发展。在当前法律法规还不十分健全的情况下，经济手段可能是最主要的，也是最易实施和有效用的手段。

6.6.4.2 加快制定矿山自然生态环境恢复治理相关标准

稀土开采的环境损失成本由生态损害和生态恢复两部分构成，对这两部分的成本核算是稀土企业生态治理和恢复的基础性工作。要加快生态环境恢复治理标准的制定，这是采矿权人矿山生态环境恢复治理的目标和要求，也是今后相关部门的恢复治理验收依据。如果企业缴纳的生态恢复保证金比实际生态恢复治理费用低得太多、差距太大，基于成本比较，大多数采矿权人宁愿放弃治理保证金也不愿进行恢复治理。因此，生态保证金征收标准应该足够高，才能促使开采者自觉进行矿山自然生态环境治理并强烈要求有关部门进行合格验收，达到生态恢复治理的目的。

6.6.4.3 厘清政府、企业的责任关系

在资源开发的过程中多项收费和相关税收并存的现象确实存在，但政府与企业似乎只是收费和交费的关系，至于税费收（交）了多少，所收（交）的税费到底应该（实际）用于什么，却并不清楚。主要原因是没有重视和突出体现企业责任的生态恢复治理保证金制度，政府和企业的责任关系和分工

并不清晰。企业认为只要交了生态恢复治理的相关税费就已经尽了义务，而真正的生态恢复治理工作应该是征收相应税费的政府的责任。而突出企业责任的生态恢复治理保证金，由企业税前提取属于企业，可以委托第三方（如政策性银行）来管理，企业生态恢复治理得好，可以足额或加倍返还；如果未治理或治理不达标，可以扣除保证金并强制其停止开采。

6.6.4.4 引入 BOT 方式 ❶ 进行生态恢复

具体实施生态补偿时，可以引入 BOT 方式，与治理企业签订协议，治理恢复达标的废弃矿山土地，治理企业享有一定年限的使用权，比如30 年，并由政府提供一部分资金支持。这种方式一方面节省补偿资金；另一方面调动社会各种力量积极参与。

6.7 本章小结

稀土资源的开发生态补偿是建立在矿产资源耗竭理论、生态环境价值理论、外部性理论、可持续发展理论及公共物品理论基础上的。稀土资源开发的生态补偿应遵循破坏者负担、"新账"与"旧账"分治、把恢复治理稀土矿山生态环境作为补偿的根本目的三项原则。稀土资源开发生态补偿主体包括国家补偿、受益者补偿和社会补偿；补偿客体包括稀土资源补偿、生态环境补偿、受害者补偿和治理者补偿；补偿形式包括政策补偿、资金补偿和实物补偿三种。

本章分别对稀土废弃矿山及新建和正在开采矿山生态补偿费用构成进行分析；在借鉴澳大利亚、美国、德国等国家生态补偿经验的基础上，对我国稀土资源开发生态补偿进行了制度设计，认为我国制定稀土资源开发的生态环境补偿制度，必须强调生态目标，也就是说在生态补偿与生态目标之间架起一座桥梁；通过完善矿产资源税费制度、征收生态补偿费和矿山恢复治理保证金等制度来实现稀土资源生态补偿。

---

❶ BOT 是 "build–operate–transfer" 的缩写，意为 "建设 – 经营 – 转让"，是私营企业参与基础设施建设，向社会提供公共服务的一种方式。

7 稀土产业技术创新的财税政策支持

技术创新是稀土产业实现可持续发展的重要支撑。在稀土产业的开采和分选、冶炼分离、高端应用以及废旧稀土产品再生利用等环节都需要技术创新。但在稀土企业规模普遍偏小的情况下，创新能力、设备技术更新和应用能力不足，在多年与外资合作中，也未能换回核心技术。实践证明，在稀土产业的技术创新，只能依靠在国家扶持下的自主创新。本章从财政支出和税收优惠两方面提出稀土产业技术创新财税支持政策的调整建议，以期促进稀土产业技术创新和成果转化。

7.1 稀土产业技术创新的机制与模式

技术创新可以从不同的角度进行分类。根据技术变化的程度，技术创新可分为渐进性和根本性技术创新。渐进性技术创新是对现有技术进行局部改进而产生的创新技术，根本性技术创新是在技术上有重大突破的创新。根据创新对象不同，技术创新可分为产品创新和工艺创新。产品创新是在产品技术变化基础上进行的创新，工艺创新是在生产过程、工艺流程、技术变革基础上的技术创新。创新战略的选择和实施，直接关系到实施主体企业的生存和发展。一般来说，企业创新战略可以选择企业自主创新、模仿创新以及与他人合作创新。

从创新主体企业的角度看，稀土产业的技术创新可以划分为主流创新与非主流创新。主流创新是指某一时期某一领域有大部分财力和物力集中投入进行技术研发的创新，一般认为研发经费占世界技术创新总经费 80% 的属于主流创新。主流创新之外的属于非主流创新。但主流创新与非主流创新不是固定不变的，而是处于更替转换之中。大企业掌握的主流创新技术随着时间推移逐渐成熟，进一步创新需要更大的人力、物力和财力支持，但进展可能也变慢；而同一时期以中小企业为主体的非主流创新从另外的角度进行，投入虽少，但成果可能会很大。当非主流创新推出初步成果或幼稚产品，而主流创新进展艰难时，掌握主流创新技术的大企业就会凭借强大的实力以风险投资、参股控股、收购等方式介入非主流创新。结果是，非主流创新成为主流创新，完成创新的一次转换，而原来的主流创新以非主流的形式发展，要么逐渐消失，要么在以后某个阶段通过研发再次成为主流创新。

在稀土产业技术创新过程中，除了大企业，中小稀土企业的创新也为技术进步做出了很大的贡献。实际上，稀土应用产业中中小企业众多，而且创新非常活跃，通过技术创新逐步发展为大型稀土企业。

稀土产业的技术创新有三种基本模式：第一种是技术推动型或自然成长性，即"基础研究－应用与发展研究－技术创新"；第二种是需求拉动型，即"市场需求－应用与发展研究－技术创新"；第三种是交互作用型，即"科学推动与市场需求交互作用－应用与发展研究－技术创新"。❶

从当前全球稀土产业发展格局来看，稀土应用技术创新主要发生在以美国、日本为代表的技术研发强国（见表7–1），发展中国家稀土产业尤其是稀土应用技术创新能力相对较弱，很少有新的技术和产品突破。我们只是在稀土分选、冶炼技术上占有优势，应该继续保持已经领先技术的领先地位。在此基础上，通过学习引进国外的先进技术、新产品并进行改进和提高直到产业化，缩短与发达国家在高端应用技术上的差距，直至超越。由于我国国内市场和需求大，可以采用需求拉动型为主的自主技术创新模式。

---

❶ 牟锐．中国信息产业发展模式研究［M］．北京：中国经济出版社，2010：54–58.

表7-1 稀土产品原创性技术专利分布

产品名称	原创性技术专利拥有国
石油催化裂化剂	美国、荷兰、日本
汽车尾气净化剂	美国、法国、日本
钕铁硼永磁材料、彩电荧光粉	美国、日本
稀土三基色荧光粉	荷兰、日本、加拿大、美国
光学玻璃及掺铒光纤材料	美国、日本、德国
稀土储氢材料、稀土精密陶瓷	日本、美国
铬酸镧发热材料及器件	日本
高性能稀土抛光粉	日本、法国、韩国、美国
稀土超磁致伸缩材料	美国

资料来源：苏文清.中国稀土产业经济分析与政策研究［M］.北京：中国财政经济出版社，2009.

7.2 我国稀土产业技术需求状况分析

随着我国稀土产业规模的不断扩大，稀土开采对生态环境造成严重的破坏，稀土资源分离、冶炼以及稀土材料生产和回收利用过程中产生的"三废"污染问题日趋严重，解决这些问题都急需开发高效实用的绿色采、选、冶工艺和设备，同时也急需进一步降低产品单耗和提高资源综合利用率的技术来实现稀土产业的可持续发展（见表7-2）。

表 7-2 稀土行业急需解决的科学问题和共性关键技术 ❶

基本项目	具体项目
一、稀土提取过程重大科学问题及基础理论问题	1. 重点研究稀土选冶过程多元多相复杂体系反应机理；稀土冶金过程热力学与传质动力学；低品位、难选矿、共伴生矿的选矿/冶金方法的组合设计及矿物学原理等
	2. 稀土元素本征性质研究：利用目前可获得的高纯稀土和先进的研究手段，系统测定稀土物理、化学性质及热力学基础数据、稀土矿物天然赋存状态、矿物结构、表面性质、矿相学和工艺矿物学等基础数据，建立多元相图等数据库，编制基础数据手册，为新方法、新技术、新工艺、新材料的开发提供理论支持

❶ 此部分内容参见2010年6月香山科学会议简报第369期。

续表

基本项目	具体项目
二、稀土金属矿物高效清洁采选关键技术	3. 离子吸附型（风化壳淋积型）稀土矿高效绿色开采与修复关键技术研究。在离子迁移的化学热力学和水动力学研究基础上，开发出高效浸取剂和浸取工艺以及沉淀结晶技术，开展矿区生态修复技术研究，开展大型堆的浸出工艺和技术研究
	4. 稀土与铁、铌、锶、钡、钽等伴生矿物资源高效选别技术
	5. 新型稀土选矿药剂及其制备技术
	6. 高效稀土选矿装备及自动化控制技术
	7. 包钢选铁尾矿的综合选矿产业化技术
三、稀土高效清洁冶炼分离与提纯关键技术（遵循循环经济的理念，解决稀土冶金过程"三废"污染问题，实现节能减排，提高资源综合利用水平）	8. 低盐低碳无氨氮冶炼分离稀土新技术
	9. 高盐度废水低成本资源化综合利用技术
	10. 超纯及特殊物性稀土化合物一体化制备共性关键技术
	11. 新型萃取剂（离子液体）及新型稀土分离提纯技术
	12. 低品位、多金属共伴生复杂资源综合回收利用技术。特别要在政府的支持下，开展白云鄂博矿尾矿中的稀土资源提取技术，为稀土资源的高效利用进行技术和工艺的战略性储备
四、稀土金属及其合金节能环保制备关键技术	13. 大型、节能、环保型稀土熔盐电解技术和装备
	14. 熔盐电解法制备中重稀土中间合金产业化制备技术
	15. 超纯稀土金属共性关键制备技术及装备
五、二次资源高效清洁回收利用关键技术	16. 研究开发稀土永磁体、发光材料、镍氢电池和催化剂等二次资源的低成本、绿色再生利用技术
六、高丰度稀土元素高值化应用技术	17. 开展高丰度稀土元素在催化、玻璃陶瓷、化工助剂、农业、钢铁和铝镁等有色金属合金以及新能源等领域的应用研究与新技术开发；研究稀贵稀土元素的替代技术
七、稀土元素生态环境影响规律与机制	18. 加强稀土对生命和环境的影响研究，建立稀土与人体健康安全的综合风险评估体系，研究制定相关标准、环境容量与阈值

7.2.1 稀土开采和分选需要技术创新和先进设备的应用

包头白云鄂博稀土矿属于铁、稀土、铌、钍等多种元素共伴生混合型稀土矿，主要由氟碳铈矿和独居石矿构成。该矿采用露天开采，采用弱磁、强磁浮选联合选矿工艺先生产出铁精矿，含稀土尾矿部分再经过磁选、浮选生产出品位（REO）为 50% 左右的稀土精矿。但采选铁精矿后的含稀土尾矿的稀土利用率只有 10% ~ 15%，铌的利用率也不到 10%，钍、磷、锰等其他元素按现有的技术基本难以利用❶，无法选冶的稀土尾矿最后被排到包钢尾矿坝。资源的不合理开发利用，致使资源浪费严重，而且还使黄河和包头地区受到放射性污染的威胁。对于包头的稀土资源开采技术创新，一方面要开发保护尾矿坝、防止二次资源流失和贫化的技术；另一方面以稀土工业为基础，进行针对尾矿坝资源综合开发利用的提取和精矿处理工艺的创新研究，以更好地保护环境，综合利用稀土、钍、铌等资源。

以江西为主的南方稀土矿，属于外生淋积型的离子稀土矿床，主要在花岗岩风化壳中赋存，原矿中的大部分稀土呈离子状态吸附于以高岭土为主的硅铝酸盐矿物上，用一定浓度的电解质溶液即可置换稀土离子。离子型稀土矿开采开始于 20 世纪 70 年代，先后用了池浸、堆浸和原地浸矿三种不同的工艺技术，目前地质条件好的矿床大多采用原地浸矿技术，这种开采不用开挖山体，对生态环境影响比较小，但技术难度大，而且对于地质结构复杂的矿体，容易出现稀土浸出液泄漏等问题。

四川氟碳铈稀土矿主要集中在冕宁和德昌两地。冕宁氟碳铈矿是稀土、重晶石、萤石等矿物伴生矿，而德昌氟碳铈矿是含大量锶、钡的多金属矿。两矿主要采用露天开采，成本低，随着地表矿逐年大量开采，开采难度也随之增大，需要现代化技术和装备才能继续向深部采掘，采矿成本大幅增加，产品竞争力下降。

7.2.2 稀土冶炼分离需要技术创新

包头稀土矿目前采用第三代硫酸法专利技术进行冶炼。❷ 该工艺的优

❶ 黄小卫，张永奇，李红卫.我国稀土资源的开发利用现状与发展趋势［J］.中国科学基金，2011（3）：134–137.
❷ 杜长顺，李梅，柳召刚，等.包头稀土精矿处理现状及建议［J］.湿法冶金，2010（1）：1–4.

点是连续、易控制，适合于大规模生产，对稀土精矿品位要求不高，运行成本低，稀土回收率较高。缺点是在冶炼分离过程中，产生大量低放射性废渣，还排放出含氟化物、二氧化硫和硫酸雾的焙烧废气，对废气进行处理产生酸性废水，经石灰中和处理后产生含氨氮的废水。

四川氟碳铈矿的冶炼分离，在工业化生产上基本上都采用氧化焙烧－盐酸浸出法。这一工艺的主要特点是投资小，生产铈产品的成本较低，但工艺不连续，在盐酸浸出过程中部分元素难溶解而留在废渣中，废渣经过碱转化后，排出含氟化钠的废水，钍和氟分散在废渣和废水中难以回收，对环境造成污染。

南方离子型稀土矿在浸出、萃取分离过程中消耗大量化学材料，稀土分离成本较高，更主要的是会产生大量含氨氮废水，对氨氮废水进行回收处理成本高、处理也不完全，对地表和地下水资源造成严重污染。

目前，一些新的生产工艺和分离技术也在进一步研发。比如，针对北方稀土生产工艺特点，浓硫酸低温焙烧法、碳酸钠焙烧法、氯化法、氯化铵焙烧法及 CaO 焙烧法等清洁高效的工艺和方法已经被开发，但大规模工业化运用还存在一些障碍。一是现在使用的设备需要淘汰更换，投入较大；二是新的分离技术因对污染物进行合理控制和利用，在成本效益比较上也不如现有技术。因此，需要政府政策支持新技术、新工艺、新设备的积极开发、引进和工业化应用，促进现行工艺的不断改进和完善；加强稀土资源勘探，鼓励对共伴生资源综合开采利用；从而实现工业生产与环境保护的有机结合，减少"三废"的排放，对各种资源进行综合利用，真正实现我国稀土产业健康可持续发展。

7.2.3 稀土材料的高端应用技术创新缺乏

我国稀土产业实现可持续发展的关键是稀土材料的高端应用。目前，我国稀土深加工产品的研发和应用领域的技术创新缺乏，多数为从国外引进吸收后再进行创新，稀土深加工企业也以合资形式为主，大量利润流向国外。大多数国内企业稀土深加工设备工艺、装备水平落后，稀土产品的技术附加值和资源综合利用率低，因此，需要依托我们自身的资源优势，加大政策对稀土高纯化、复合化及超细化稀土化合物产品和高端应用技术研发的扶持力度，发展稀土深加工，尽快突破发达国家的专利技术壁垒；同时配合技术需要，更换落后的稀土深加工设备，推动我国稀土产业技术创新向纵深发展，拉动稀土初级产品的内需，延伸稀土产业链，自主消化稀土初级产品，从而摆脱稀土初级产品的出口依赖，自主控制稀土资源开采量，使资源优势转化为经济优势，保护我国宝贵的稀土资源。

7.2.4 废旧稀土产品再生利用关键技术及设备研发

我国目前许多废旧产品中含有稀土等有价元素或有价金属，但因稀土初级产品供应充足，价格较低，对废旧稀土产品回收和再生利用不重视或基本没有开展，废物回收利用方面技术和设备缺乏。为了实现废物资源高效利用和污染物减排，需要借鉴德国、日本等国经验，政府加大政策支持，鼓励企业进行废旧稀土产品再生利用关键技术及装备的开发和创新，突破废旧稀土永磁材料、稀土发光材料等回收利用系列关键技术与装备的技术瓶颈，并通过技术创新与集成，建设以废旧稀土材料回收利用为主的示范生产线或基地；推动废旧稀土产品回收再利用技术相关标准的形成，提高我国废旧稀土回收利用产业的自主创新能力和国际竞争力，补充稀土资源，促进稀土产业可持续发展。

7.3 稀土产业技术创新活动需要政府支持

技术创新能力已经成为稀土企业参与市场竞争的决定性因素。只有努力提高稀土产业的技术创新能力，大力发展具有清洁生产能力和竞争力的高新技术，才是当前国际争端环境下稀土产业可持续发展的根本需要。但是由于市场机制的不完善，在促进科技创新方面乏力，需要政府运用财政政策和税收优惠政策加大对企业技术创新活动的支持。政府加大财力、物力投入进行稀土制成品方面的高新技术开发，提高稀土高科技含量产品生产能力，才能推进稀土行业产业转型升级。国家在垄断稀土资源的前提下，大力支持或进行稀土高端应用产品的研发，让更多的地方企业运用研发成果，发展稀土高端应用产品的生产和销售，使稀土产业真正成为地方经济的新增长点，形成良性循环，从根本上解决稀土行业发展不可持续问题。

7.3.1 技术创新的特性

一是技术创新活动具有不确定性。高投入、高风险、高收益是技术创新活动的典型特征，而且高投入和高收益经常不成正比。当前虽然国内已研发出稀土分离的改进工艺和技术，但新技术和工艺的应用，需要更换设备和仪器，对于企业来讲增加了成本；而稀土高端应用技术还不能满足产业发展需要，虽然众多科研机构和企业已经投入了大量资金和人力，但技术研发一般需要较长的周期，前期投资大、风险高，如果在短期内不能实现科研成果的转化，则投资的收回也很难预期。更重要的是创新技术如果要实现研发成果向应用的转换，也需要投入大量的专业化设备或对原有设备进行大规模的更换，耗资巨大。技术的研发、设备更新、成果转化和规模化应用等环节存在的资金缺乏、短期投入过高、企业负担过重等问题，急需政府对其进行政策上的鼓励和支持。

二是创新活动收益的不对称性。首先，企业进行技术创新活动，其成果即使能够最终转化为产品，其社会收益往往高于个体收益，这也反映出技术创新产品的公共产品特征，根据经济学的理性人假设，由企业所进行的技术创新活动不能达到社会最优的水平。其次，由于企业不断增强的技术模仿能力，当一项新技术产生，并转化为产品进入市场，各项模仿技术和产品很快也会随之进入市场，该项新技术和新工艺流程的市场竞争力便会很快减弱，这也在一定程度上降低了企业开展技术创新活动的积极性。

7.3.2 稀土产业技术创新的现状

稀土矿物材料经过现代工艺技术分离、加工和利用，可形成一批高技术含量、高附加值的新型材料，这些材料具有多性能、应用范围广等特点，已经被用于多个行业。稀土永磁、发光、催化、储氢等高性能稀土功能材料已作为国家新型功能材料产业列入战略性新兴产业，大力发展稀土功能材料及其他相关生产技术是一个国家高新技术发展的重要标志。

目前，我国稀土工业已基本建立起勘探、开采、分离、加工、应用、研发的产业链体系，稀土材料等产品在国际市场上占有较大的份额。但是我国的稀土产业也面临着诸多问题，主要体现在以下几方面。

（1）稀土初级产品比重大、附加值低、高端应用比重低。我国稀土产品质量和档次仍然不高，主要以初级产品为主。长期以来，我国稀土技术创新偏重于稀土分离冶炼和基础材料生产研究，而轻视生产装备、高端应用和基础性研究。一些与现代高新技术和新材料发展相关的稀土高端应用产品生产和技术仍较落后，依赖进口。

（2）稀土产业研发投入低。稀土材料生产涉及大型及专业设备，需要企业大量资金投入，给稀土企业尤其是中小企业和新成立企业带来巨大的资金压力；新技术、新工艺、新应用的研发需要耗费企业大量的人力和财力，再加上技术创新活动本身的不确定性，使企业在研发环节上积极性不高。

（3）企业规模普遍不大。我国稀土产业集群水平不高，大部分企业集中于稀土初级产品的生产环节，处于产业链的低端，缺少具有核心竞争力的企业，也没有形成相互配套的协作体系，存在无序竞争，开发市场的能力不足。

（4）企业与科研单位和高校的合作机制不畅。现有稀土企业的一般从业人员比重相对较高，技术创新型人才不足，中高端人才更是缺乏，导致稀土生产企业技术创新原创力普遍不足。而大多数科研院所虽然具备一定的稀土科研原创力，但又存在稀土工程化技术经验缺乏的问题。企业与科研单位和高校的合作机制不畅，人员分配结构的不合理，在很大程度上制约了稀土企业的技术创新。

7.3.3 我国稀土产业技术创新的财税政策目标

7.3.3.1 促进稀土产业领域技术研发、创新和应用，提高稀土产业自主创新能力

国外的经验表明，技术研发和创新能力是稀土产业发展的关键，政府财税政策支持的重点应该放在技术的研发及成果转化上。自主创新能力弱、关键核心技术缺乏是我国稀土产业面临的最大问题，也是最需要政府财税政策支持的方面。因此，我国稀土产业技术创新的财税政策首先要将提高自主创新能力作为目标，通过研究与试验发展（R&D）投入、财政补贴、税收优惠等手段促进技术研发、创新和转化应用，为稀土产业做大做强提供基础和支撑。

7.3.3.2 促进产、学、研、用结合，加快构建和完善以企业为主体的创新体系

创新是一个产业和国家可持续发展的动力源泉，也是现代经济中一个企业生存和发展的强力支撑。我国稀土产业创新体系还不完善，企业作为创新主体的意识还没有建立，产、学、研、用之间的联系还不够紧密和有效。我国稀土产业技术创新的财税政策设计要将提高企业作为创新主体的意识以及将如何引导和鼓励企业技术创新作为一个考虑重点，并且要避免政府成为具体的创新项目的主角。同时，产业创新体系的构建和完善特别需要产、学、研的紧密协作和合理分工，形成三位一体的创新模式。因此，稀土产业技术创新的财税政策设计要突出对产、学、研、用有效结合的引导和激励，促进稀土产业技术创新和产业化发展。

7.3.3.3 加强人才培养和有效使用，缓解稀土产业创新人才供给矛盾

人才是稀土产业可持续发展的基础和核心因素。我国稀土产业的技

术创新所面临的人才素质、人才结构、人力成本等问题越来越严重，一些稀土企业因无法招到合适的人才或因人力成本上升而难以持续发展。而我国以往支持产业技术创新的相关财税政策对于人才的培养、发展与使用的支持不够。因此，为稀土产业可持续发展所需的人才提供优惠和激励空间是未来稀土产业技术创新财税政策设计需要考虑的问题。

7.3.4 稀土产业技术创新各环节的财税政策作用

财税政策在促进稀土产业技术创新活动中作用的发挥，要根据稀土产业技术创新各个环节的特点和需求，有针对性地提供相应有效的政策支持（见表7-3）。稀土产业的技术创新与其他产业一样也包括以下三个阶段。

表7-3　稀土产业技术创新各环节的财税政策重点

创新环节	研发阶段	成果转化阶段	产业化生产阶段
财政政策	财政补贴、财政拨款、财政担保贷款，稀土产业发展基金	财政补贴、财政担保贷款	政府采购
税收政策	税收优惠、减免	税收优惠、减免	税收优惠

一是研发阶段。在这一阶段，企业一方面在购买进行产品研发的生产设备、引进人才方面都需要大量资金，但因企业规模限制，产品技术又存在不稳定性因素，进行技术创新的企业承担最高的投资风险，而且技术创新具有准公共品性质。❶几个因素的存在，导致企业缺乏技术创新的动力和积极性。因此，财政政策的重点是加大财政拨款、财政补贴、财政担保贷款等的力度来激励企业进行技术创新的投入。另一方面，大部分企业的技术创新活动在研发初期阶段基本上都没有利润，享受不到现行企业所得税制度的减免优惠。而研发活动通常周期都较长，创新成果即使产业化

---

❶ 邓子基，杨志宏.财税政策激励企业技术创新的理论与实证分析［J］.财贸经济，2011（5）：5-10.

并实现了经济效益和利润，也很难保证仍处于优惠期，因此，需要政府加大技术创新的税收优惠政策支持力度。

二是成果转化阶段。企业技术创新成果形成后，是否有市场或应用价值也存在一定的不确定性。因此，政府政策重点应对企业创新成果转化活动给予财政拨款、政府担保贷款等政策支持，并对转化成果在税收上给予低税率、减免等优惠和支持政策。但相对于税收优惠政策来说，此时政府对企业的财政政策支持作用效果更明显。因此，在企业技术创新的中期，政府应大力加强财政补贴、财政担保等财政政策支持力度，促进企业创新成果的积极转化，同时配合实施适当的税收优惠政策。

三是产业化生产阶段。新技术的批量产业化生产需要广阔的产品市场前景保证，同时还需要大量社会资金的投入。因此，政府在这一阶段的政策重点是鼓励企业的技术创新活动与产业发展相结合，引导社会资本向新产品、新工艺应用的风险投资、创新型企业和高新技术产业倾斜，确保新技术产品在市场上能够顺利销售。此时相对于财政政策对企业的支持而言，税收优惠政策和政府采购政策更直接有效，因为税收优惠政策能够对投入新技术产品生产过程的社会资金进行引导，而政府采购则能为新技术产品提供较为可靠的市场。此时，应发挥税收优惠和政府采购的政策配合来支持企业技术创新。

7.4 我国财税政策支持技术创新的现状分析

7.4.1 财政支出政策方面

7.4.1.1 财政技术创新投入总体不足，投入结构不合理

我国近年一直在增加 R&D 投入，但相较于我国经济增长水平、经济社会的需求状况和发达经济体的投入水平，我国 R&D 投入仍显不足（见表 7–4）。《国家中长期科学和技术发展规划纲要（2006—2020）》中提出："2010 年我国全社会 R&D 占 GDP 的比重要提高到 2%，2020 年提高

到 2.5%。"，但实际上 2010 年我国 R&D 占 GDP 的比重只有 1.76%，其中政府 R&D 经费投入只占 R&D 投入总数的 24%；2011 年我国 R&D 占 GDP 的比重只有 1.84%，其中政府 R&D 经费投入只占 R&D 投入总数的 22%。尽管 R&D 投入总数及其占 GDP 的比重、政府投入数都有所增加，但具体到稀土产业，政府 R&D 投入就不容乐观了。

2012 年 11 月 9 日，财政部和工业和信息化部制定并下发了《稀土产业调整升级专项资金管理办法》。稀土产业调整升级专项资金主要用于支持稀土资源开采监管、稀土采选及冶炼环保技术改造、稀土共性关键技术与标准研发、稀土高端应用技术研发和产业化、公共技术服务平台建设等方面的专项资金，采用以奖代补、无偿资助和资本金注入等支持方式。从近年政策情况看，国家确实在加大稀土产业发展的财政支持，但也应该加强对资金投向和使用的监管，确保资金的使用效率和引导效应。

表 7-4　2007—2011 年我国 R&D 投入基本情况

指　标	2007 年	2008 年	2009 年	2010 年	2011 年
R&D 经费支出 / 亿元	3 710.2	4 616.0	5 802.1	7 062.6	8 687.0
其中：基础研究 / 亿元	174.5	220.8	270.3	324.5	411.8
应用研究 / 亿元	492.9	575.2	730.8	893.8	1 028.4
试验发展 / 亿元	3 042.8	3 820.0	4 801.0	5 844.3	7 246.8
其中：政府资金 / 亿元	913.5	1 088.9	1 358.3	1 696.3	1 883.0
企业资金 / 亿元	2 611.0	3 311.5	4 162.7	5 063.1	6 420.6
R&D 经费支出占国内生产总值比例 /%	1.40	1.47	1.70	1.76	1.84

资料来源：《中国统计年鉴 2012》。

7.4.1.2　技术创新投入方式过于单一

近年我国在技术创新资金投入方式上进行了一定的探索和改革，但多数资金投入仍以无偿投入为主。随着经济的不断发展和产业状况的变化，采用无偿补助的单一投入模式已不能满足技术创新投入的需求，技术创新资金投入方式迫切需要改革和完善，从而发挥财政支持技术创新的作用。

7.4.1.3 财政技术创新投入的管理不足，效果不明显

一是管理缺位。我国的技术创新项目、经费分别由不同部门分头进行管理，缺少必要的信息沟通和协调，导致部门间重复制定科技研究开发计划，重复配置科技资源，在一定程度上造成财政资金的浪费和低效率。二是技术创新成果转化率低。根据科技部和统计局公布的资料，我国每年省部级以上的科技成果和专利申请中能迅速转化为现实生产力的在10%左右，远远低于发达国家60%～80%的水平。❶

7.4.2 税收政策方面

我国对技术创新的税收政策支持主要体现在高新技术产业的发展上，制定了一系列针对高新技术产业发展实际问题的税收优惠政策，通过鼓励高新技术产业发展促进技术创新。我国现行技术创新税收优惠政策以税率式、税基式、税额式等优惠形式在增值税、营业税、所得税及关税等税种中反映（见表7–5）。

表7–5　现行税收政策中支持技术创新的相关规定	
税种	具体规定
增值税	1. 实行消费型的增值税
	2. 直接用于科学研究、科学试验和教学的进口仪器、设备免征
	3. 出口退税，主要是对技术含量和附加值高的产品适用较高的退税率
	4. 对某些行业如软件产品即征即退政策，对资源综合利用产品免征、即征即退、先征后退优惠政策等
营业税	5. 对技术转让、技术开发和与之相关的技术咨询、技术服务收入免征营业税
	6. 对科研机构的技术转化收入、技术转让收入（指有偿转让专利和非专利技术的所有权或使用权的行为）和高等学校的技术转让收入免征营业税
	7. 对以专利权、非专利技术等无形资产入股不征营业税等方面

❶　张岳.我国促进技术创新的财税政策分析［J］.东方企业文化·远见，2010（2）：13–14.

税 种	具 体 规 定
企业所得税	8. 国家重点扶持的高新技术企业，减按 15% 的税率征收企业所得税
	9. 企业研究开发费用，未形成无形资产的计入当期损益，在按照规定据实扣除的基础上，按照研发费用的 50% 加计扣除；形成无形资产的，按照无形资产成本的 150% 分年摊销
	10. 对居民企业一个纳税年度内技术转让所得不超过 500 万元的部分免税；超过 500 万元的部分，减半征收
	11. 对国家科技园和科技企业孵化器等科技中介服务机构的相关收入免征企业所得税
	12. 企业收到的财政拨款，企业依法收取并纳入财政管理的行政事业性收费、政府基金，国家规定的其他不征税收入，列为不征税收入
	13. 企业的固定资产由于技术进步等原因，确需加速折旧的，可以缩短折旧年限或采用双倍余额递减法或年数总和法加速折旧
	14. 创业投资企业投资中小科技企业抵扣应纳税所得，企业对技术创新等基金的捐助扣除；对科研机构转制机构 5 年内免征所得税
关税及其他税收政策	15. 对进口直接用于科学研究的用品，对符合国家高新技术目录的设备及为生产国家高新技术目录产品而进口的设备、技术及配套件、备件，对国内企业为生产国家支持发展的重大技术装备和产品而确有必要进口的关键零部件及原材料，免征关税和进口环节增值税
	16. 在个人所得税、房产税、城镇土地使用税等方面，如对个人获得科学、技术方面的奖金实行免税政策等

我国在技术创新税收优惠政策方面虽然制定了很多鼓励性政策，但也依然存在一些问题与不足，主要体现在以下方面。

（1）税收优惠形式以直接优惠为主。税收优惠按照优惠的具体方式，可以分为直接优惠和间接优惠两种形式。直接优惠主要表现在企业最终经营成果的减免税，如对企业所得税的减免，直接优惠只有在技术创新形成或产生经济效益时才能享受到，是一种事后的利益让渡；间接优惠也称为税基式优惠，更注重事前的调整，也就是在技术创新过程中的优惠，主要有研发费的税前扣除、研发设备加速折旧、对技术创新专项基金允许税前列支以及提取技术创新发展准备金等措施。我国现有技术创新税收优惠政策主要以对高新技术企业的所得税和流转税的减免为主，是一种单一的直接优惠方式。在 2008 年修改后的《中华人民共和国企业所得税法》第三十六条中规定,"软件生产企业的职工培训费用,可按实际发生额在计算应纳税所得额时扣除"。这种以直接税收优惠为主的优惠方式偏向产生效益的技术创新活动的鼓励和支持,对产业技术创新活动的引导作用并不强,不能充分调动企业从事技术创新的积极性,也没有完全体现政府支持技术创新的政策意图。

(2)对鼓励科技人员从事技术创新活动的税收政策不足。许多国家都出台了鼓励科技人员从事技术创新的税收优惠政策,在个人所得税征收时对企业支出的科技人员教育培训费用以及科技人员的技术创新方面的收入允许税前抵免。我国虽然也出台了一些相应的鼓励科技人员从事技术创新的税收优惠政策,但力度不大。比如在现有政策中,只限于对科技人员获得的省级以上政府发放的"科技奖金"和"政府特别津贴"的收入进行减免,科研工作人员获得的省级以下的奖励还不能享受个人所得税减免。

(3)针对风险投融资相关的税收优惠缺乏。在稀土技术创新的整个过程中,资金风险一直都存在,主要表现为资金的不充足风险和不连续风险。因为稀土技术创新活动本身的高风险性和收益的不稳定性并存,商业银行一般不愿意支持,而政府的直接财政支出对稀土产业技术创新资助的效果又非常小,因此需要在全社会构建技术创新体系,必须利用税收优惠来促进风险投融资体系的形成,这一体系应以稀土高新技术产业或技术创新活动为投资主体。

(4)税收法律层级较低,技术创新税收政策相关法律不完善。现有支持技术创新的税收政策大多数以各种办法、意见、决定和函件等行政性文件及部门规章体现,法律的层次比较低,税收政策对技术创新的实际支持效果在执行过程中受到影响。另外,技术创新活动涉及我国财政、税务、科技等众多政府部门,中央和地方各政府部门职责不清也影响税收政策的实际执行效果。

7.5 稀土产业技术创新财税支持政策的调整建议

稀土应用已深入渗透到几乎所有行业、所有领域和人们生活的各个方面，无论是发达国家还是发展中国家都深深体会到稀土产业对于经济社会发展的重要性，都不约而同地把发展稀土产业作为提升产业和技术竞争力的主要途径之一。美国、欧盟和日本等国家和地区一直控制着稀土应用的前沿专利技术，非常重视促进稀土产业发展和技术创新战略、规划和政策的制定。我国作为稀土生产、出口、消费大国，更应发挥财税政策支持作用，促进稀土产业技术创新。

7.5.1 财政支出政策

为了实现稀土产业结构升级和技术创新的理想目标，财政政策支持的进一步加强是非常有必要的。政府和各级财政部门应结合地区发展的实际情况，对有利于稀土产业升级和可持续发展的一些实践，尤其是对技术创新和研发方面相关的公司，采用 R&D 投入、财政补贴、政府采购、贷款贴息等政策手段加大扶持力度，在具体操作时可以通过设立专门的稀土产业创新基金来支持稀土相关技术研发，引入政策性金融机构来具体实施。财政政策支持是坚定企业投入研发的决心和克服各种现实困难的必要保证，也是实施政策支持效应的必要保证。[1]财政投入技术创新既能解决外部性问题，同时又可以在短期内加快关键技术的研发，有助于增强稀土产业的研发能力和创新能力。因此，应充分利用财政支出政策，支持稀土产业技术创新能力提升和稀土产业的可持续发展。

7.5.1.1 加大 R&D 投入，重点支持稀土循环经济技术和共性关键技术研发

目前我国适用于稀土产业循环经济的技术及相匹配的市场机制还不完善，依靠企业独自进行研发、应用和推广循环经济技术，资金投入规模

---

[1] 文宗瑜.支持经济转型及产业升级的财税政策：着眼于低碳经济等视角［J］.地方财政研究，2010（1）：25–30.

和风险都比较大。再利用和再生利用所产出的原料，无论在性能上还是在价格上也都缺乏优势，这些都会使企业因无法实现经济效益最大化而降低发展循环经济的积极性。要想从根本上解决这个问题，稀土产业集中的各级政府就需要进一步对财政支出结构加以调整，逐渐加大对稀土产业循环经济发展特别是发展阶段初期的支持力度，在稀土产业循环经济共性和关键核心技术的研发、应用推广、示范试点和宣传培训等方面给予更大的资金支持。促进企业和各类研发机构积极引进、消化和吸收国外先进技术，积极组织资源节约和替代技术、废弃物综合利用技术、可再利用材料回收处理技术等的开发，尽最大可能为稀土企业循环经济发展创造良好的内外部环境，不断提高其发展循环经济的技术支撑能力和创新能力，最终实现有效推动稀土产业可持续发展的目的。

总的来说，R&D 投入应该重点支持对国家稀土产业可持续发展具有重要意义的基础性、战略性、前瞻性的研究和技术开发，继续发挥"原攻关计划""863 计划"及"973 计划"等国家重大科技创新激励计划的作用，支持稀土技术创新活动。对于一般的稀土应用技术或者技术创新及成果转化，可以通过其他激励手段来引导和促动。如果把稀土技术的发展周期分为研发、创新和商业化应用三个阶段，则 R&D 投入主要应支持研发阶段。基础研究和战略性关键技术是稀土技术创新和产业发展的基础和根本，可以为其他研究和技术创新提供方向性指导和基础支持，但短期内很难市场化并直接产生效益，因此企业一般不愿投入，需要政府财政政策支持。

7.5.1.2 重视技术创新成果转化的财政支持

各国和地区除了加大研发投入外，都非常重视技术创新成果转化和规模化生产的财政政策支持，采用财政支出政策、预算政策，通过项目经费申请、审批等形式来鼓励大学、科研机构与企业合作开展技术创新；对技术转让、先进设备采购、研发费用、成果转化投资以及产业化链条等各个环节都给予相应的财政补贴；对应用创新技术生产的产品，加大政府采购支持，引导社会消费。

7.5.1.3 实行对稀土产业技术创新的贷款贴息及财政补贴

为了推动稀土产业技术创新，实现可持续发展的目标，政府应对与稀土产业可持续发展相关领域的技术创新给予贷款贴息及财政补贴。稀土产业可持续发展目标的实现不能离开技术创新，实现产业可持续发展目标相关的技术创新在科研、设备购进等方面需要投入较多的资金，这些资金收回较慢，而且企业效益又会小于社会效益，离开财政政策的扶持难以实现。通过财政补贴特别是贷款贴息的方式对相关领域技术创新给予大力支持，是一种非常有效的方式。这种方式不仅有利于企业及各类研究机构的积极性和社会资金的调动，而且可以进一步实现财政资金、金融资金和社会资金的良性互动。

7.5.1.4 财政出资设立稀土专项科技创新基金，引导资本投资和流动方向

产业升级是保证稀土产业可持续发展的关键环节，同时也是较难实现的环节。它不仅需要大量的资金投入，而且需要技术创新和更新改造的密切配合，还必须进行产业内部结构的战略性调整，包括开采、分离、应用等各类企业的结构调整。因此，要成功实现全产业的结构调整，必须由财政提供资金扶持，并在政府主导下进行统筹安排。财政出资应充分考虑稀土产业技术创新的复杂性和跨界性，调整分散零星补贴的形式，采取集中各方资金成立稀土产业创新基金的方式，由中央财政、地方财政和受益企业按一定的比例共同出资组建基金，然后以稀土创新基金为主体进行稀土相关产业技术创新投资，引导社会资本投入这一领域，鼓励相关企业、科研单位、院校进行产、学、研相结合，积极投标参与科技攻关，进而推动稀土产业的可持续发展。

在这方面，新加坡淡马锡模式值得借鉴。新加坡经济发展从20世纪60年代开始，经历了出口贸易→出口加工→重化工→高科技和服务业这几个不同的阶段，逐渐形成了现在以高科技和服务业为主的科学合理的产

业结构。在这个演变过程中，新加坡政府发挥淡马锡控股公司 ❶ 的作用，顺应政府投资和发展导向，集中政府资金对有利于产业升级实现的新兴产业或创新技术进行扶持，极大地促进了这些产业和技术的发展，进而带动整个国家经济的发展。

7.5.1.5 财政支持并引导政策性金融为稀土产业技术创新提供融资支持

与发达国家相比，我国稀土应用方面的技术尤其是高端应用技术与其还有一定差距，实施技术更新改造和升级的难度也比较大。与稀土相关领域的科研人才、研发体制和研发设备等也制约了稀土的技术创新和改造，除此之外，资金不足更是一大主要制约因素。财政对于稀土产业相关技术创新的支持除给予一定的贴息贷款和财政补贴外，还应发挥政策性金融机构和担保公司的作用，为稀土产业技术创新提供金融支持，这可能是一种更为有效的财政支持方式。技术创新的前期需要投入较大资金，而且要承担很大的风险，财政资金也是有限的，不能满足全部需要，更多的还是要调动广大社会资金，特别是金融资金。中小企业在稀土技术创新方面作用不可小视，但这类企业抵押能力或外部担保相对缺乏，不容易获得银行资金支持。财政可以通过多种方式支持担保业的健康发展，并引导其为技术创新的中小企业提供融资担保，在遵从市场规律的情况下，将政府和市场有效结合，保证政府政策目标的实现。

7.5.1.6 对稀土创新产品实行政府采购政策

国家机关、事业单位和团体组织可以采用优先购买、收购和订购等方式，发挥政府采购消费导向作用和大规模集中采购的优势，优先购买稀土自主创新高端应用产品，对一定条件的稀土试制品和首次投放市场的稀土产品实行政府首购政策，为稀土创新产品开拓市场提供支持，引导社会对稀土高端产品和环保产品的消费，减少稀土产业对国际市场的依赖，提升产业的整体技术含量和国际竞争力。

---

❶ 淡马锡控股公司是一家新加坡政府的投资公司，新加坡财政部对其拥有 100% 的股权。淡马锡控股公司成立于 1974 年，是新加坡政府全资拥有的知名度最高的公司。

7.5.2 税收优惠政策

税收政策是政府调控经济的重要手段之一。在稀土产业技术创新发展中，政府可以在全面落实现行有关促进技术创新和成果转化、支持稀土产业发展等方面的税收政策的基础上，结合税制改革方向和税种特征，针对稀土产业的发展特点和所处阶段，从激励企业自主创新、鼓励高端应用技术研发、促进稀土创新人才发展、带动社会资金进入稀土产业技术创新等多个角度，研究完善流转税、所得税等支持政策。

7.5.2.1 重视研发环节的税收支持

长期以来，我国税收支持技术创新的政策重点一直放在生产、销售环节，只有在取得了技术创新收入时才可以免征或少征税款，而在研发环节只有加计扣除的税收优惠政策。因此，应根据稀土技术创新研究与开发的特点，加大研发过程的税收优惠，鼓励具有实质意义的技术创新活动，比如稀土绿色分离冶炼工艺技术、深加工技术、高端应用技术等；实施稀土产业技术创新准备金制度，鼓励企业加大研发投入，加强企业研发资金的使用和管理。

7.5.2.2 丰富技术创新税收优惠形式，加大税基优惠方式的应用

我国现有支持技术创新的税收优惠政策采用税率优惠和税额优惠两种方式比较多，在税收收入减少的情况下，激励、引导效果不明显。在稀土产业技术创新的税收优惠政策上可以更多地采用加速折旧、加大投资抵免、计提技术创新准备金、延期纳税等税基优惠手段，协调配合运用税基优惠、税额优惠和税率优惠等多种方式，更好地发挥税收优惠政策引导和激励的作用。对进行稀土技术创新的研发投资和再投资实行抵免政策，允许相关企业按研究开发费用的一定比例（如40%或更高）从应纳税额中抵减所得税，提高企业进行稀土相关技术研发的积极性；对稀土企业为研发活动、改进工艺购置的设备和建筑物，实行加速折旧的办法，并简化加速折旧审批和办理的手续，缩短折旧年限，大幅度提高折旧率，鼓励

稀土企业应用新技术、新工艺、新设备，提高资源利用效率，减少环境污染，加快稀土行业的设备更新和技术进步；鼓励稀土企业按照销售收入的一定比例设立研究开发、技术更新、工艺创新等方面的准备金，允许计提的技术创新准备金在所得税前据实扣除。

7.5.2.3 运用税收优惠政策促进技术创新成果转化

我国现在每年产生大量的稀土技术创新成果，但其中相当数量很难实现向生产力的转化。因此我国应该制定更加完善的针对稀土技术成果转化的税收优惠政策，对技术转让取得的收入给予所得税和营业税的优惠，对引进和应用先进技术、工艺、设备的企业给予税收优惠。

7.5.2.4 完善进出口税收政策

一是要积极调整稀土产品出口关税政策，制定税收优惠政策，鼓励高科技含量、高附加值的稀土应用产品和货物的出口。二是限制高能耗、高污染、低附加值的稀土初级产品的出口，迫使稀土企业增强自主创新能力，提高稀土产品的科技含量，优化我国稀土产品出口的层次，提高稀土产业的国际竞争能力。

7.2.2.5 制定和完善鼓励风险投资的税收优惠政策

风险投资是促进企业技术创新的有效途径，而税收优惠政策能够推动风险投资业的发展。通过制定和完善鼓励风险投资的相关税收优惠政策，促进风险投资的发展，增加稀土产业风险资金供给。一是对风险投资公司投资于稀土产业技术创新的风险投资收益实行较低的所得税率，对风险投资公司的交易费用、印花税等给予免税的税收优惠。二是完善个人所得税，在个人所得税制中增加亏损结转的规定，允许风险投资者在投资失败时通过亏损的前传或后转来弥补损失，以消除风险投资者的后顾之忧。三是对投资者从事风险投资活动所获得的收入在一定条件下免征或减征所得税。比如，对投资于风险投资公司或风险项目的法人所获得的利润减半征收企业所得税，对投资于风险投资公司或风险项目的个人所获得的收入免征或减征个人所得税。四是对风险投资者来自风险投资的股息、

红利免征个人所得税。❶

7.6　本章小结

　　本章首先提出了稀土产业技术创新的机制与模式，我国发展稀土技术及应用的真正基础是自主创新，由于我国国内市场和需求大，可以采用需求拉动型为主的自主技术创新模式；其次，分析了我国稀土产业发展技术需求状况，在稀土开采和分选环节、稀土冶炼分离环节、稀土材料的高端应用以及废旧稀土产品再生利用等都需要技术创新和关键技术及设备的研发和应用；再次，通过对技术创新特性的分析，进一步说明财税政策支持稀土产业技术创新具有重要的、不可替代的作用；最后，通过对我国财税政策支持技术创新的现状分析，找出存在的问题，进而从财政支出和税收优惠两方面提出稀土产业技术创新财税支持政策的调整建议。

---

❶ 李德升.我国软件产业发展的财税政策研究［D］.北京：财政部财政科学研究所，2012.

8 稀土产业可持续发展的其他相关策略

财税政策对稀土产业可持续发展的各个环节都会发挥重要作用，但基于稀土产业的战略特征，国家还需要从长远利益和战略角度出发，统一规划和制定特殊发展政策。本章从稀土国家战略发展策略、国际定价权取得、循环经济发展、企业集团税收分配和出口税收政策角度提出了其他相关策略。

8.1 稀土产业作为国家战略产业的发展策略

稀土产业具备技术领先性和扩张性、经济效益的长期性及产业关联性和渗透性这三个特征，属于国家战略产业。产业的发展离不开国家政府，必须在政府主导下，实现有序发展。

8.1.1 强化国家意志，实行产业保护

由于稀土产业大多属于需要国家关注的基础性、长期性、先导性的战略领域，属于国防、高技术、新型材料等战略性产业，不能完全依靠市场机制来发展。从产业安全、经济安全乃至国家安全的角度出发，同时考虑到我国产业体系的完整性和产业结构的合理性，更应当由政府制定相应的产业政策来扶持，将稀土产业上升到国家战略高度，形成国家意志，实行产业保护❶，由国家确定发展方向和目标，进行长期规划和战略安排，

---

❶ 产业保护是一国政府在一定经济发展阶段和一定时间内，为了发展某一产业而实行的保护措施和支持政策，其实质是一种政府规制或干预行为。产业保护与贸易保护相比，范围更小。从利用政策措施来看，贸易保护主要侧重于采用关税、数量限制、反倾销、反补贴与国际贸易有关的政策手段，而产业保护的政策措施不仅包括贸易保护所采用的国际贸易政策措施，还包括采用产业倾斜等诸多产业政策。

保证和促进稀土产业长期健康发展。

我国的稀土产业虽然在生产、出口、消费量上都占世界第一，但无论按其产值或是经济效益都属于小产业，需要在政府保护或扶持下发展壮大并抢占国际竞争制高点，实施各种相应措施下的有效保护，从而实现稀土产业积极、稳步、健康和高效发展的目的，并避免消极影响、消极作用出现。

8.1.2 继续执行严格的国家管控制度

严格执行并进一步完善《稀土工业污染物排放标准》、稀土生产指令计划、稀土出口配额等现有政策，加强稀土开采、冶炼、销售、出口等全行业多环节的管理。

8.1.3 通过稀土深加工拉动稀土内需，摆脱出口依赖

随着中国改变稀土发展战略，其他国家纷纷采取应对政策，我国稀土产业发展将逐步由外需促动转为内需拉动。国家应在政策和资金上提供支持，引导社会各界投资于稀土深加工技术的研发，促进稀土生产企业向下游高端应用领域延伸和发展，生产高端稀土应用产品，以此带动稀土初级产品的国内消费；在国家政策扶持下，鼓励技术创新和产品创新，提高稀土产品的技术含量，增强稀土产品的竞争能力，取得更高的经济效益，摆脱对稀土出口的依赖；从源头上控制稀土资源，自主管理稀土的开采量，保护稀土资源，实现可持续发展。

8.1.4 在国家主导下，协调各方利益关系，形成稀土产业集群

在稀土产业整合中，涉及包括地方政府、国有企业和民营资本等利益相关方的利益，利益相关方在自身利益的驱动下进行的所谓产业整合，很容易导致中小企业经注资后变大、非法企业合法化、新增稀土企业等问题，从而进一步加剧稀土产能过剩、竞争无序、产业集中度不高的现状。

稀土产业作为一种对未来影响广泛的战略新兴产业，需要在国家主导下，站在国家整体利益的高度进行谋划，协调各方利益关系，确立整合方向和市场化的退出机制，并制定具体措施。稀土企业的关闭淘汰和简单合并不能称为真正意义上的整合，其整合目标应是针对稀土产业链延伸不足、稀土技术创新缺乏等诸多问题进行战略决策，发挥稀土产业集群的规模效益，提高稀土开发和应用技术水平，延伸稀土产业链条，从本质上提升中国稀土产业竞争力。

8.2 争夺稀土国际定价权，促进稀土产业可持续发展

在国际市场上，我国稀土占据着绝对垄断的地位，是可能获得定价权的为数不多的几种资源性产品。处于垄断地位的产品本应获得垄断利润，而我国稀土则不然，它的定价权实际上掌握在国外厂商手里。如何掌握稀土的定价权，是促进我国稀土产业可持续发展的一个非常重要的问题。

8.2.1 国际上争夺大宗商品定价权的成功经验

与我国稀土不同的是，美国、欧洲、澳大利亚、日本和其他一些国家和地区对石油、大豆、金属等大宗商品的国际市场价格具有重大的影响力，在不同程度上拥有国际定价权。他们争夺大宗商品定价权的成功经验对我国争夺稀土国际定价权具有重要参考价值。

8.2.1.1 提高产业集中度，实现价格垄断

经济学理论认为，厂商数量在一个行业内越多，相互竞争就越激烈，单个厂商就越不容易控制市场价格，商品价格会越低；当厂商数量较少，能够形成寡头市场或垄断市场时，市场价格才有可能被少量的厂商控制，并从中获取超额利润。因此，控制商品定价权的关键是要提高产业集中度，减少生产厂商的数量，获取垄断地位，从而实现价格垄断。澳大

利亚、美国和其他国家的实践经验也表明，提高产业集中度，是掌握商品定价权的一个重要途径。

在国际铁矿石市场上，最主要的供给国是澳大利亚和巴西。21世纪以后，国际铁矿石行业的大规模兼并和收购，使铁矿石的生产高度集中在澳大利亚的力拓、必和必拓公司和巴西淡水河谷这世界三大铁矿石供应商手中，他们控制了全球70%以上的铁矿石生产和贸易，形成了寡头垄断的国际铁矿石市场格局。因为拥有无可争议的垄断地位，国际铁矿石的定价权牢牢掌握在澳大利亚和巴西铁矿石供应商手中，这与我国稀土定价权的缺失形成了鲜明对比。

8.2.1.2 利用卡特尔组织来协调供求关系

我国稀土定价权丧失的一个重要原因是供求的不平衡。例如，2008年世界稀土的需求量将近10万吨，而我国的稀土生产能力达20万吨，实际产量12.5万吨❶，国际市场上稀土价格的持续下跌与供过于求直接相关。

为了协调国际石油供求关系，在一定程度上主导石油的国际价格，伊朗、伊拉克、科威特、沙特阿拉伯和委内瑞拉等国家早在1960年就成立了石油输出国组织（Organization of Petroleum Exporting Countries，OPEC）。OPEC成员国拥有世界上最丰富的石油资源，石油产量占世界总产量的40%，具有重要的国际市场原油价格的干预能力。作为一个控制石油供应的卡特尔组织，OPEC成员国每年通过对经济形势和市场走向的分析，预测经济增长率和石油供求状况，以此来协调成员国的石油政策，提出增加或降低该组织的石油总产量，以保持石油价格的稳定。

8.2.1.3 发挥商品期货市场的作用，实现金融定价

大宗商品在现货市场上主要体现的是商品属性，对价格走势起决定作用的是商品的供求关系，而在期货市场上不仅反映基本的商品属性，还表现出金融商品所具有的流动性、风险性和收益性等属性。大宗商品价格

---

❶ 邓炜. 国际经验及其对中国争夺稀土定价权的启示 [J]. 国际经贸探索，2011（1）：30–34.

除了由供求关系决定外，国家财政政策、货币政策、资金供应或者国际投资都会对商品价格产生影响。在存在成熟期货品种和发达期货市场的情况下，大宗商品的基准价格基本上由期货市场的标准期货合同价格决定。

全球石油、铜和大豆现货交易的价格基本上以几大商品期货市场的期货价格为定价基准，只有当期货市场规模足够大时，市场份额也就相应增大，才能形成国际市场定价中心，进而主导商品的国际定价权。

8.2.1.4 采取资源战略储备制度

稀土是一种对未来有重要应用，具有非常重要的科技和军事战略意义而现在又比较稀缺的战略性储备产品。对于这种重要的战略物资，我国还没有及时建立起完善的国家战略储备制度。长期的过度开采和低价贱卖，使我国的经济利益受到极大损害，并危及我国的经济安全。而美国、日本和欧洲的一些国家，战略资源的国家储备制度很早就开始实施，重要矿产资源的价格一旦出现异常波动，供应中断或短缺，即可在市场上投放战略储备资源，以调节市场供求关系，从而提高矿产资源定价上的话语权。

美国在1923年出于本国长期战略利益考虑，建立起了国家矿产资源战略储备制度。阿拉斯加国家海军石油储备基地也在阿拉斯加北坡建立，实行只探不采政策。美国是世界上稀土储量仅次于我国的国家，从1999年就开始采取封存等手段逐步停止本国稀土资源的开采，转而大量从我国进口。

早在1983年日本就出台了稀有矿产资源战略储备制度。日本经济产业省资源能源厅在2005年就成立了资源战略委员会，对矿石产品特点、预期风险类型、稀有金属以及稀土实施行动方式的中期措施进行检查和统一安排。在2006年日本又出台了国家能源资源战略规划，将铂、铟及稀土金属列为储备对象。2009年7月，日本经济产业省发布《稀有金属稳定供应确保战略》，确立了作为稀有金属战略重要内容的日本稀土战略目标，即通过多种方式保障日本的稀土供应，降低对我国稀土资源的依赖程度，保护日本的核心利益。

日本国内没有或不开发稀土矿产资源，产业链偏重于后端高附加值产品的研发，为了保证稀土产业长期拥有高额利润，日本进行了大量稀土资源战略储备，并通过全面领先的稀土高技术来获取更高的利润。日本对稀土资源的储备采用官方储备和民间储备两种方式，由日本石油天然气金属矿产资源机构（JOGMEC）负责官方储备，该机构主要为日本海外矿业投资企业提供服务，具体职责包括援助国内外矿物勘查和金融贷款、建筑监督，向发展中国家派遣专家和技术合作、国内回收利用资源相关技术开发，等等；民间储备由日本"特殊金属储备协会"牵头，负责各种有关企业的稀有金属及稀土储备的协调工作。

日本的稀土大约有90%来自我国，其中用于工业生产的占1/3，作为重要资源储存在海底的大约占2/3，目前日本储备了足够其使用20年的稀土资源，这也说明了日本对未来资源的长远战略规划。

8.2.2 借鉴国际经验掌控稀土国际定价权

8.2.2.1 在政府主导下，进一步提高稀土产业集中度

稀土资源的廉价过量供给主要原因是稀土产业的产能过剩。为了改变稀土开采方式粗放、资源浪费严重、市场无序竞争、不能自主调节的状况，政府正通过政策引导大力推进产业整合，缓解我国稀土企业民营投资多、规模小等不利局面，倡导合理开发和利用稀土资源，加快淘汰落后产能，消减过剩的生产能力，进行产业的整合和集中，不断提高产业的整体竞争力；同时以矿产资源地为基地，通过资产重组等运作方式做好资源整合，逐渐取代分散的小型矿点，从前瞻性、战略性的高度规划稀土产业发展思路；坚持以可持续发展为战略基础，以资本运作为手段，迅速搭建推进稀土产业发展的政府投融资平台，集合各项有利资源，迅速吸纳并实现资源整合，做大产业规模，运用经济、资本、行政等手段，采取联合、兼并、重组等方式，配合行业准入政策，并运用行政手段和金融政策，对稀土项目审批加强管理，实现资源优势向产业优势和经济优势

转化，提高产业集中度。

8.2.2.2 成立中国稀土集团公司，全面控制和协调稀土资源

我国稀土资源的特点是"北轻南重"，由这一资源特征所形成的稀土产业格局，产品差异较明显，全国整合单靠某一省或地区很难实现。北方轻稀土的资源整合相比之下可能较为容易，而南方阻力较大，需要妥善协调各级政府之间的利益关系。目前内蒙古、江西、广东、福建等地都相继成立了地区性的稀土产业集团，稀土产业的集中度进一步得到提高，应该在此基础上组建类似中国石油那样的垄断性大型稀土企业集团，全面控制、协调稀土资源开采和出口。

学习借鉴 OPEC 现有的对全球石油价格控制的成功模式，在稀土价格过低时，集团公司可以通过减少生产和销售的手段推高价格；在价格高到影响销售时，采取扩大生产和销售规模，以压低稀土价格。只有强大的稀土垄断集团才能统一协调、控制全国稀土资源市场，掌握定价权。

8.2.2.3 建立中国稀土企业联盟，提高议价能力

我国稀土企业长期处于分散经营、非理性竞争状态，没有形成行业内的统一和联合，没有议价能力，使我国基本上失去了稀土国际市场定价权。因此我国急需建立一套类似于 OPEC 的有效的稀土企业联盟体系，在稀土出口数量和价格上统一协调、互相协商，确保国际稀土价格的稳定。建立以资源为纽带、以大型稀土企业为核心、吸纳中小企业加入的稀土企业联盟，一方面利用企业联盟的共同力量影响国际稀土市场价格；另一方面可以根据市场行情变动，调整和控制稀土供应量，使国际稀土市场供求保持平衡，进而稳定稀土市场价格，维护稀土企业的共同和长期利益。

8.2.2.4 发展稀土期货市场，形成稀土国际定价中心

我国是世界上最大的稀土生产国、供应国和消费国，具有发展稀土期货市场的最佳条件。2012 年，中国稀土产品交易所已在内蒙古包头市正式成立。建立交易所，可以解决稀土分散交易、多头对外、交易主体不

对等等问题，逐步规范交易行为，进而增强对稀土产品定价的话语权，使我国稀土企业在与外方谈判中拥有定价能力，增强市场透明度，维护稀土市场稳定。但目前中国稀土产品交易所只开展稀土现货交易，不开展大宗商品中远期交易、市场管理和仓单交易。我国真正的稀土期货市场尚未建立，还不能掌握稀土的金融定价，更无法形成稀土国际定价中心。

8.2.2.5 加快建立和完善我国稀土战略储备制度

在保护资源环境、推进可持续发展的目标框架下，我国应加快实施稀土战略收储政策，调动国家财政资金在国家和企业两个层面进行收储。

（1）政府应在稀土收储机制中发挥主要作用，国家储备与民间储备相结合。稀土价格的不规律大幅度波动，既不利于稀土行业的稳定健康发展，也不利于国家对稀土行业的整合和调控。建立稀土收储机制后，国家在一定程度上可以控制稀土价格的大幅波动，从而通过控制供求来引导市场价格趋于稳定。

在国务院发布的《关于促进稀土行业持续健康发展的若干意见》中，也要求建立稀土战略储备体系，战略储备应涵盖我国生产的全系列稀土产品。稀土战略储备可以按照国家储备与企业（商业）储备、实物储备与资源（资源地）储备相结合的方式建立，并借鉴国外矿产资源战略储备经验，对一些优质大型稀土矿，尽可能保护起来，只探不采。

（2）设立稀土收储专项基金。稀土收储机制的设立，有益于稳定稀土价格、维护行业秩序。在此基础上应设立相应的政府稀土收储专项基金，在稀土价格大幅波动时反向操作以平抑价格波动。而且平抑价格基金的象征作用会大于实际作用，因为当企业预期到政府会在价格过高卖出时，就会提前卖出，反之亦然。这样，往往不用等到政府出手时，稀土价格就已回归理性。

（3）建立资源地储备制度。当稀土开采技术还不能从根本上解决开采的生态破坏问题，经济效益不足以抵补生态破坏及恢复成本时，开采就得不偿失；与其开采，还不如作为稀土资源的战略储备基地，保持地下赋存状态原地储备。国家可以采取类似"退耕还林""退牧还草"的"退采还矿"政策，对于暂时不急需开采的资源地拨付补偿资金，引导和扶持其他产业发展，减弱地方经济对稀土资源的依赖。

战略储备的建立，使我国稀土产业的国际地位得以增强，提高我国对稀土价格的影响力。

8.3 大力发展稀土产业循环经济

8.3.1 稀土产业循环经济发展实践

我国北方稀土产业循环经济发展以包钢稀土最为典型。包钢稀土出于企业长远发展利益以及发展循环经济的现实利益的双重考虑，不断通过技术工艺改进、加大环保投入等措施对生产过程中产生的大量废水、废气及废渣进行科学回收，从而在一定程度上实现稀土生产的资源减量化和污染物的再利用。

稀土工业生产中的碳酸稀土和氯化稀土是两种最主要的初级产品。包钢碳酸稀土和氯化稀土初级产品生产过程如图 8-1 所示。

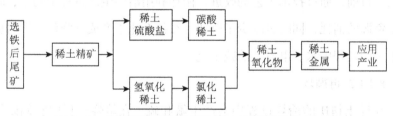

图 8-1 包钢碳酸稀土和氯化稀土初级产品生产过程

稀土原矿（选铁后）经选矿设备处理后形成稀土精矿，然后对稀土精矿主要采用酸法和碱法进行分解处理。酸法生产是把稀土精矿与硫酸混合在回转窑中焙烧浸出可溶性的稀土硫酸盐浸出液，然后将碳酸氢铵加入到浸出液中，经沉淀过滤即可生产出碳酸稀土；碱法生产是将 60% 的稀土精矿与浓碱液混合搅匀，在高温下发生熔融反应，稀土精矿被分解为氢氧化稀土，用水清洗除去钠盐和多余的碱，然后再用盐酸溶解水洗过的氢氧化稀土，形成氯化稀土溶液，溶液经过调酸度、过滤、浓缩结晶等流程后制得固体的氯化稀土。稀土的整个生产分解过程均会产生大量的废渣、废水和废气，对环境造成严重污染。针对这一情况，包钢稀土在企业内部实施了循环经济的尝试（见图 8-2）。

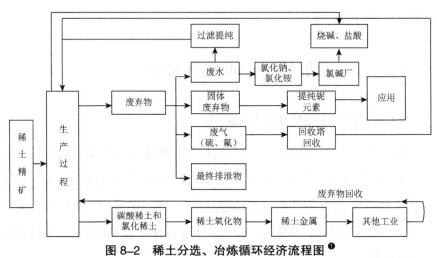

图 8-2　稀土分选、冶炼循环经济流程图 ❶

8.3.1.1 减量化

对稀土精矿的冶炼，包钢稀土以前主要采用用水量非常大的湿法冶炼法。目前，通过技术工艺的改进，循环利用冶炼生产过程中的水，降低了水资源的消耗，同时也减少了电耗，在使企业生产成本降低的同时也实现了生产过程中水、电投入的减量化。

8.3.1.2 再循环

在稀土精矿的冶炼过程中会产生氟和硫。在焙烧过程中它们以气体形态随尾气排出。包钢稀土通过回收塔回收这些废气，同时对碳酸稀土和氯化稀土生产过程中含氯化钠和氯化铵的废水进行处理，制出烧碱和盐酸作为资源循环利用。

稀土精矿冶炼过程中产生的固体废渣中含有铌、钪等元素，包钢稀土通过技术攻关，提高了铌元素的提取能力，将铌元素作为添加剂应用到

❶　王岩, 赵海东. 矿产资源型产业循环经济发展——内蒙古西部地区典型案例的理论研究 [M]. 北京: 经济科学出版社, 2008.

钢铁产业以改善钢的性能，从而实现固体废弃物的资源化和再利用。

8.3.1.3 逐渐形成稀土产业集群，促进循环经济发展

包钢稀土已经整合了内蒙古自治区的稀土产业，确立了以包钢（集团）为核心的北方稀土集团，稀土采选、冶炼分离集中由包钢稀土控制，基本形成了包括稀土采选、冶炼分离、技术研发、稀土应用的产业集群。包钢稀土的生产活动，除了直接利用白云鄂博矿开采中产生的稀土，同时还对包钢（集团）铁矿开采后的尾矿坝即开采后的排放物加以再利用。包钢稀土通过将包钢（集团）白云鄂博矿开采后的尾矿作为企业的原矿，进行稀土产品的加工与生产，不仅能在一定程度上缓解因尾矿大量堆积带来的污染问题，而且通过对资源的再利用给社会创造了巨大的经济效益。

稀土产业整合的完成，使部分冶炼企业在一个区域集中，通过对生产工艺和新建生产线进行调整，采用最新的冶炼分离技术，实现在生产线建设期就与环保设备厂商对接，按照达标水平排放废水、废气和废渣，直至达到零排放，实现了在稀土冶炼分离环节进行集中焙烧、集中冶炼分离、集中废水治理。

包钢稀土借助新的选矿体系和新型干堆尾矿库的技术，将 600 万吨氧化矿石留在白云鄂博矿山就地分选，同时在白云鄂博重建一个尾矿库，用来收纳矿渣及相应污染物。在选矿厂搬迁完成后，将在白云鄂博完成选矿程序，然后将基础精矿根据生产需要运回包头进行加工。这样，市区的尾矿堆存每年就可减少一半以上，从而为全面治理尾矿库创造条件。

8.3.1.4 延伸稀土产业链，实现资源综合开发利用

包钢稀土的产品从最初的稀土矿产品深化到生产稀土深加工产品、功能材料乃至应用产品，产品品种由最初的镧、铈、镨、钕、钐、钆、钇的 7 种氧化物扩展到 2006 年的 130 多个规格 64 个品种。稀土产品品种的不断增加，使包钢（集团）不断提高白云鄂博矿尾矿的综合利用能力，同时也使钢铁产业新性能产品的生产开发具备了优越的条件。包钢（集团）使钢铁产业和稀土产业之间形成了一个闭路循环。

8.3.2 稀土产业循环经济发展存在的主要问题

8.3.2.1 缺乏企业发展循环经济的支持政策

在市场经济条件下发展循环经济，依靠企业自愿选择循环经济模式是一方面，更重要的是政府主动制定一些扶持政策来加以引导。从目前稀土产业发展循环经济的实践看，一方面，政府的一些支持政策与生产特点结合不紧密，扶持循环经济发展的产业政策过于模糊、不明确；另一方面，地方政府缺乏对国家扶持政策执行的积极性，力度不够。

8.3.2.2 初次资源和再利用资源的价格形成机制不合理

发展循环经济除了取得正常生产收入外，还有两个收入来源：一是废弃物再利用转化为商品后产生的经济效益；二是"三废"排放减少节约的排污成本。但是，由于初次资源和再利用资源有不同的价格形成机制，使由初次资源生产的原材料价格明显偏低，而在资源的循环利用中，稀土的回收加工、生产排放物再利用的成本却很高；另外适用于循环经济的新技术研发、引进技术设备、废物处理以及生态保护等都需要大量资金。如果国家没有相应的政策扶持，再生资源在价格上根本无法与初次资源加工产品相竞争。

8.3.2.3 发展循环经济的各环节存在技术障碍

首先，大部分稀土矿属于共伴生矿，有用元素多，分选、冶炼工艺十分复杂，对包含在稀土矿中的各种矿物质的合理提炼及应用上面临技术障碍。经提炼后很多矿物元素虽然可以实现综合利用，但是利用成本太高。其次，因技术、设备和工艺滞后，稀土产业在生产过程中同样面临有效元素提取上的技术难题，大量原矿难以消化。再次，严重的技术障碍还存在于尾矿坝的治理方面。尾矿中所含的各种矿物质和元素的结构也非常复杂，由于没有先进的技术和工艺对其进行综合开发利用，使企业不仅无法通过产业链的进一步延伸实现尾矿的利用，而且对尾矿的处理又加大了运输和储存费用。另外，目前分选工艺已经能够大幅度提高稀土精矿品位，但因高品位的稀土精矿生产成本高于原有的低品位生产工艺，企业没有应用先进工艺技术的积极性。

8.3.3 稀土产业发展循环经济的几点建议

8.3.3.1 建设以稀土大企业集团为核心的稀土循环经济产业集群

在稀土资源富集地区，逐渐形成以"稀土资源—分选、冶炼—应用—再生资源"的发展模式，并取代传统的"资源—产品—废弃物"的发展模式，依照循环经济理念促进稀土产业集群的形成，实现稀土产业集群和循环经济发展互动。

在实践中，循环经济发展可以通过在产业集群的基础上，形成稀土循环经济产业园区来实现。稀土循环经济工业园区的建立，可以使循环经济产业链上的稀土企业在一个区域内聚集，稀土园区的发展和企业布局按照循环经济理念进行规划。以核心企业发展循环经济，带动与稀土相关的上下游产业加入产业链，形成从资源到中间产品，再到最终应用产品的闭路循环。建立以大企业为核心，相关企业消化、利用其废弃物的稀土生态工业园。通过政策加以引导，鼓励企业进行深加工产品生产，提高稀土产品附加值，减少上游稀土初级产品的出口，从而降低对国外市场的依赖。

第一，以大企业或企业集团为依托形成的稀土产业集群，以优势稀土矿产资源为核心产业构建循环经济产业链，可以实现稀土相关产业在集群内循环经济的发展。稀土产业循环在生产排放物的循环利用方面作用明显，但由于技术、制度、市场和资金等多种因素的制约，完整的循环经济体系很难在短期内建立。因此，稀土产业循环经济的发展需要有重点、有步骤地逐步推进，无论是企业、企业集团还是工业园区，都要以循环经济理念逐步构建产业链，推进循环经济深入发展，最终实现最大化的资源利用和最小化的废弃物排放。

第二，按照循环经济理念进行的稀土相关企业布局，可以大量节约土地等资源、基础设施及运输费用。对集群内企业进行合理布局，可以使相关企业尽量消化产生的固体排放物，减少对土地的占用和污染；并尽可能缩短原料在紧密相关企业间的运输距离，实现节约运输费用的同时，也可以防止高污染物品因不必要的运输而发生的泄漏，避免二次污染。

第三，地方政府应在循环经济理念的引领下，充分发挥资源优势，促进产业集群的发展，把循环经济发展与产业集群和产业结构的优化调整有机结合起来。在产业结构调整的过程中，通过大型稀土产业基地的建设，不断调整和改造中小稀土企业；在稀土产业集群形成中，引导循环经济产业链的构建，避免出现单一产业在一个地区的大规模集群。政府对符合循环经济理念的改造和新建项目进行重点支持，引导企业、企业集团、工业园区依照循环经济理念构建稀土产业链。

8.3.3.2 加大循环经济发展适用技术创新的支持

困扰循环经济发展的重要因素之一是技术不足。建立在闭路循环基础上的稀土循环经济产业链，必须有适用技术的研发作为保障和支撑。适用于稀土循环经济产业链的技术研发和创新，受应用范围和投入资金的限制，将技术和成果转化为现实生产力的成本必然较高，依靠单个企业的力量往往很难完成。因此，政府需要在政策、资金和专门人才等方面对适用于稀土产业循环经济的技术创新和研发加以支持。

支持稀土适用技术的研发和创新，应在循环经济理念的指导下，结合稀土资源地的特点有针对性地进行。政府在给予技术研发支持时，应从扶持稀土特色产业长期可持续发展的角度考虑，重点对发展循环经济的制度设计、资金筹集、技术开发及管理方式等重要基础性问题的研究加以支持。同时，对形成的知识产权采取有效措施加以保护，以提高企业研发和推广应用稀土循环经济技术的积极性。

稀土产业循环经济发展的政府支持重点应放在：一是以提高资源综合利用效率为目标的产品结构优化；二是促进浪费资源、污染环境的工艺、设备和企业的逐步淘汰和关闭；三是对能耗高、污染重的传统稀土产业用清洁生产技术和设备进行改造；四是大力发展节能、降耗、减污的稀土高端应用、高新技术产业。

8.3.3.3 为稀土产业循环经济发展提供资金支持

对稀土产业循环经济发展有重要作用的重大项目，政府应在贷款规模、财政支出及贴息贷款等方面给予政策支持，充分发挥政府政策对投资的导向作用，并对有利于循环经济发展的税收政策进行调整，加大税收激励等手段，促进稀土产业循环经济的发展。

8.3.4 促进稀土产业发展循环经济的财税政策

发展循环经济是提高稀土资源利用率、促进稀土产业可持续发展最基本的途径之一。稀土产业的发展必须要消耗大量资源，而只有发展循环经济，促进资源高效循环利用，才能实现资源耗费和环境代价最小的可持续发展。

8.3.4.1 加大财政投入力度，鼓励稀土产业自主创新

我国稀土产业长期以低端产品为主，科技创新投入总量不足，中、高端应用自主研发产品缺乏，需要全行业加大投资，对稀土产业自主创新加大鼓励。

为了贯彻落实《国务院关于促进稀土行业持续健康发展的若干意见》（国发〔2011〕12号）文件精神，财政部、工业和信息化部制定了《稀土产业调整升级专项资金管理办法》，明确规定："由中央财政预算安排主要用于支持稀土资源开采监管，稀土产业绿色采选、冶炼，共性关键技术与标准研发，高端应用技术研发和产业化，公共技术服务平台建设等方面的专项资金。"这一规定进一步加大了对稀土产业调整升级的财政支持力度。

目前我国适用于稀土产业的循环经济技术和市场机制还不够成熟，企业进行循环经济技术的研发、应用和推广需要较大的资金投入并承担较大的风险，在性能和价格上，循环利用和再生利用的原料也缺乏竞争优势，这些因素的存在造成企业缺少发展循环经济的积极性。基于此，稀土产业集中的各级政府就必须对财政支出结构进一步加以调整，加大稀土

产业循环经济初级发展阶段的支持力度，对稀土产业循环经济的共性和关键技术的研发、应用推广、试点示范、培训等在资金上给予更多支持，积极引进并消化和吸收国外的先进技术，组织资源节约和替代、废物综合利用及回收处理等的设备和技术的开发及应用，尽可能为稀土企业创造良好的发展循环经济的内外部环境，使其发展循环经济的技术支撑能力和创新能力不断提高，最终达到有效推动稀土行业可持续发展的目的。

8.3.4.2 构建稀土产业各环节污染治理机制

在明确中央政府、地方政府和相关企业环境保护和污染治理责任的前提下，坚持"污染者付费、利用者补偿"的原则，严格实施生态环境有偿使用制度。由于我国排污收费标准长期严重偏低，致使一些企业宁可缴纳排污费，或者将已建成的污染处理设施闲置不用，也不愿意治理污染。因此，要重新构建稀土产业各环节污染治理机制，坚持"排污费用高于污染治理成本"的原则，整合现有的与环境相关的税费，开征环境税，大幅度提高现行环境税费标准，并统一按照预算内资金专项用于环境保护、治理和支持循环经济的发展。另外，可以实行污染许可证制度，建立生产企业责任延伸机制，充分发挥市场机制的作用，用经济手段对排污者的行为加以约束，促进环境保护外部成本的内部化，提高人们自觉节约资源和保护环境的意识。

8.3.4.3 为循环经济发展提供财政补贴和财政信贷

发展循环经济需要企业在技术创新、设备更新等方面增加资金投入，这可能导致企业出现资金周转不灵、短期效益低于社会效益的情况。因此，政府有必要运用价格补贴、财政贴息或者税前还贷等政策为这些企业提供资金支持；也可以发挥政策性银行的作用，为企业进行清洁生产、环境保护等绿色生产活动提供低息贷款、贷款贴息等优惠信贷政策，保障企业资金畅通。

8.3.4.4 调整稀土产品结构，促进产业优化升级

稀土产业经过多年的发展和改革调整，其产业结构得到了一定程

度的优化，但受诸多因素影响，目前仍存在产业结构不合理、发展方式粗放、环境污染严重等问题，严重影响到稀土产业的可持续发展。要从根本上解决这些问题，就必须在产业结构优化升级上取得更大的突破。在财税政策上，一是大力支持与稀土相关的高新技术产业、高端应用产业的发展；二是运用财政贴息、加速折旧等政策措施，调整企业行为，引导社会资本投向，促进稀土企业技术进步和产品结构的调整；三是应充分体现国家的政策意图，在稀土产业实行更加倾斜的税收优惠政策，促进稀土企业集团化发展。

8.4 稀土企业集团税收分配应向资源地倾斜

稀土产业尤其是采矿权一直是"央企"和地方各类企业博弈的关键所在，"央企"的表现更为积极。从国家战略角度，将稀土采矿权全部收归中央或由企业集团控制，有利于改变我国稀土开采的散乱现状，增强稀土市场的控制力。但由于大企业集团基本是跨区经营，大多会选择在经济较发达地区设立总机构，而在经济欠发达地区设立生产销售的分支机构，因此，也存在垄断企业或企业集团总机构与分机构所在地税收的合理分配问题。

8.4.1 现行企业所得税对企业集团税收分配的规定

在新的《中华人民共和国企业所得税法》中纳税人的判定标准采用了法人所得税制，第五十条明确规定："居民企业在中国境内设立不具有法人资格的营业机构的，应当汇总计算并缴纳企业所得税。"也就是说，具备法人资格的母子公司的子公司采用就地纳税的征管模式，而"总分公司型"的企业集团中的不具备法人资格的分支机构要采用汇总纳税的方式。如果采用在总机构所在地汇总缴纳税款的方式，就会使税款从资源地流向总机构所在地，造成税收在地区间分配不合理，影响资源地经济的可持续发展。基于此，国家税务总局发布了《关于印发〈跨地区经营汇总纳税企业所得税征收管理暂行办法〉的通知》(国税发〔2008〕28号),明确规定:汇总缴纳企业实行"统一计算、分级管理、就地预缴、汇总清算、财政调库" ❶的企业所得税征收管理办法,对企业集团企业所得税的预缴及分配方式进行了调整。

8.4.1.1 分期预缴方式

按照国税发〔2008〕28号文规定,总机构和分支机构采用分期预缴的方式预缴企业所得税,其中在各分支机构间分摊预缴50%,由总机构预缴50%;由总机构预缴的部分,其中50%就地入库,50%预缴入中央国库。各分支机构的分摊预缴比例由总机构采用三因素法确定,即按照各分支机构以前年度的经营收入35%、职工工资35%和资产总额30%的权重计算各分支机构应分摊所得税款的比例(见图8-3)。

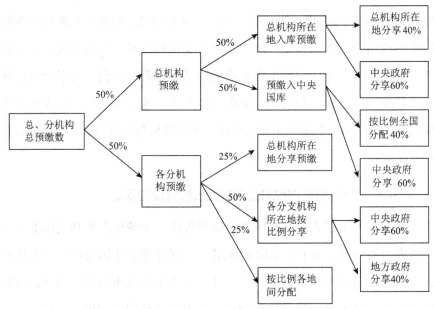

图8-3 总、分机构所得税分摊预缴与分享图

---

❶ 总、分机构分月或者分季分别向所在地税务机关申报预缴企业所得税,且总、分机构所在地主管税务机关都负有管理责任。在年度终了后,由企业总机构统一计算不具法人资格的分支机构的应纳税额,并汇算清缴。最后,由财政部定期将缴入国库的总、分机构企业所得税,按照核定系数调整到各个地方国库。

8.4.1.2　税收收入分享方式

根据财政部、国家税务总局、中国人民银行《关于印发〈跨省市总分机构企业所得税分配及预算管理暂行办法〉的通知》（财预〔2008〕10 号）的规定："总、分机构统一计算的当期应纳税额的地方分享部分，25% 由总机构所在地分享，50% 由各分支机构所在地分享，25% 按一定比例在各地间进行分配。"

按以上办法进行分配，计算复杂，各分支机构所分配的税收收入明显偏低。

8.4.2　企业集团税收地区分配建议

一是进一步加大各分支机构所在地税收分配比例，进一步简化总、分机构当期应纳税额的地方分享的计算方法，并加大各分支机构所在地分配比例。建议采用企业集团将应缴企业所得税总额的 60% 在总部直接缴入中央国库；地方分享部分可采用对纳税所得额按因素法在总、分机构所在地间计算分配，再按税率分别计算缴纳。在相关区域政府之间进行税收收益的横向分配，平衡不同利益主体的合理利益诉求。二是实施纵向税收分配，加大中央政府可支配财力对资源地政府的转移支付，缩小地区间收入差异，推进区域之间协调可持续发展。

8.5　稀土出口关税政策调整

为了保护稀土战略资源，避免资源浪费，治理和保护生态环境，我国政府调整了稀土出口战略。从稀土出口退税到逐步下调税率到取消出口退税，再到加征稀土产品出口关税。我国正利用稀土产品出口税收政策逐步解决稀土行业发展过程中出现的问题，充分发挥稀土的资源优势，为稀土产业的可持续发展奠定基础。

8.5.1　我国稀土产品出口税收政策的发展变化

为了鼓励出口，换取外汇，我国从 1985 年开始，实行对进口产品征税、对出口产品退税的政策。这一政策的实施使我国稀土产品的国际竞争力大大增强，促进了稀土行业的发展。

经过近十年的快速发展，稀土产业的问题也开始显现，基于保护资源和生态环境的需要，国家从 1996 年开始大幅度下调出口货物退税率，逐渐限制资源性产品出口，加大本国资源和环境保护，促进产业结构调整，努力实现经济持续健康发展，采取对高耗能、高污染、资源性产品的出口限制措施。直至 2006 年，我国全部取消稀土产品出口退税，并对高科技、高附加值稀土产品提高出口退税率。我国与稀土相关的出口税收政策变化如表 8-1 所示。

表 8-1 我国与稀土相关的出口税收政策变化			
发布时间	出口税收相关政策	具体实施的出口税收相关内容	实施时间
1985 年 4 月 1 日	进出口产品税或增值税	我国开始实行出口退税政策	1985 年 4 月 1 日
1999 年 1 月 6 日	出口配额有偿招标（对外贸易经济合作部公告〔1999〕第 1 号）	1999 年对稀土等 13 种商品实行出口商品配额有偿招标（纺织品被动配额除外）	1999 年 1 月 6 日
2003 年 10 月 23 日	调整出口退税率（财税〔2003〕222 号）	取消稀土金属矿等货物的出口退税政策，即出口退税率调整为零，稀土金属钇、钪及其混合物的无机或有机化合物出口退税率由 17%，13% 调整为 5%，其他稀土金属及稀土氧化物退税由 17% 和 15% 降为 13%	2004 年 1 月 1 日
2005 年 4 月 29 日	调整部分产品出口退税率（财税〔2005〕75 号）	取消稀土金属、稀土氧化物、稀土盐类等产品的出口退税	2005 年 5 月 1 日
2006 年 10 月 27 日	调整部分商品进出口暂定税率（税委会〔2006〕30 号）	对稀土金属矿、稀土氧化物征收 10% 的出口暂定关税	2006 年 11 月 1 日
2006 年 12 月 19 日	2007 年出口关税实施方案（税委会〔2006〕33 号）	稀土金属矿、铈的各种化合物、氧化稀土、氯化稀土、氟化稀土，以及稀土金属钇、钪的其他化合物实施 10% 的出口关税	2007 年 1 月 1 日

续表

发布时间	出口税收相关政策	具体实施的出口税收相关内容	实施时间
2007 年 5 月 18 日	调整部分商品进出口暂定税率（税委会〔2007〕8 号）	稀土金属矿由 10% 调整到 15%，金属钕、镝、铽以及其他稀土金属、氧化镝、氧化铽等产品征收 10% 出口关税	2007 年 6 月 1 日
2007 年 12 月 29 日	2008 年关税实施方案（海关总署 2007 年第 79 号）	开征碳酸镧 15% 关税，对铽、镝的氯化物、碳酸物征收 25% 的关税；对钕、氧化钕、氧化镧、铈的各种化合物以及其他氧化稀土、氯化稀土、碳酸稀土、氟化稀土征收的出口税率由 10% 提高到 15%；对镝、铽、其他稀土金属、氧化钇、氧化铈、氧化镝、氧化铽征收的出口关税由 10% 提高到 25%	2008 年 1 月 1 日
2008 年 12 月 25 日	2009 年出口关税实施方案（税委会〔2008〕40 号）	稀土产品的出口关税率基本上保持不变	2009 年 1 月 1 日
2009 年 12 月 30 日	2010 年出口关税实施方案（海关总署〔2009〕88 号）	对其他铁合金（金属镝铁及钕铁硼）征收 20% 关税；对其他钕铁硼（不含速凝片）征收 20% 关税	2010 年 1 月 1 日
2010 年 12 月 2 日	2011 年出口关税实施方案（税委会〔2010〕26 号）	将金属钕出口税率由 15% 调整到 25%，对氟化稀土征收 15% 出口关税；首次对金属镧、金属铈、氯化镧及按质量计含 10% 稀土元素的铁合金开始征收 25% 的出口关税；对氟化铽、氟化镝、氟化镧、其他氟化稀土等产品征收 15% 的出口关税；其他产品的关税保持不变	2011 年 1 月 1 日
2011 年 12 月 9 日	2012 年出口关税实施方案（税委会〔2011〕27 号）	对镨、钇金属以及氧化镨新征收 25% 的出口关税；对钕、镨、钇的氟化物、氯化物、碳酸盐类新征收 15% 的出口关税；对镧、镨、钕、镝、铽、钇的其他化合物新征收 25% 的出口关税；对钕铁硼速凝永磁片新征收 20% 的出口关税；其他产品关税不变	2012 年 1 月 1 日
2012 年 12 月 31 号	2013 年关税实施方案（海关总署公告 2012 年第 63 号）	对稀土金属矿继续执行 15% 的暂定税率	2013 年 1 月 1 日

资料来源：根据海关总署网站数据整理。

近年来，我国通过控制稀土开采总量，实行稀土出口配额管理制度及进行关税调节等手段，进一步提高了稀土产品的出口门槛，稀土初级加工产品出口得到有效抑制（见图8-4），从2003年最高7.35万吨（REO）下降为2012年的1.63万吨（REO）。我国稀土产品出口贸易结构进一步优化，以初级产品为主的结构发生变化，逐渐向高附加值、深加工产品发展，提高出口产品的技术含量和国际竞争力。

图8-4 我国近年稀土冶炼产品出口量变化图

8.5.2 进一步完善稀土出口税收政策，规范出口市场秩序

按照稀土资源的重要程度和可持续发展的要求，进一步完善稀土产品的出口关税政策，优化我国稀土出口产品结构。继续提高稀土初级产品出口关税，控制出口数量，逐渐减少或禁止出口初级稀土产品；提高稀土深加工、高附加值应用产品出口退税率，引导高附加值、高尖端稀土产品的发展；适度降低稀土高新技术、设备的进口关税，鼓励稀土企业自主创新，调整稀土产品结构；继续规范出口市场秩序，限制低价无序出口，打击走私，从根源上完善稀土出口税收政策，真正实现稀土产业的可持续发展。

8.6 本章小结

本章对稀土产业可持续发展的其他相关策略提出了一些建议。稀土产业具备国家战略产业特征，应该作为国家战略产业进行整体规划，强化国家意志，继续执行严格的国家管控制度，支持和引导稀土高端应用技术的研发。

本章通过对国际上争夺大宗商品定价权成功经验的介绍，进一步提出：在政府主导下提高稀土产业集中度；成立中国稀土集团公司，全面控制、协调稀土资源开采和出口；建立中国稀土企业联盟，提高议价能力；发展国内期货市场，形成稀土国际定价中心；加快建立和完善我国稀土战略储备制度的建议。以此争夺稀土国际定价权，促进稀土产业可持续发展。

本章通过对包钢稀土循环经济发展实践的总结分析，提出建设稀土循环经济产业集群，重视适用于循环经济发展的技术研发，为循环经济发展提供资金保障等大力发展稀土产业循环经济的建议；稀土企业集团的形成有利于产业的可持续发展，但集团的税收分配应向资源地倾斜，以保证资源地经济发展的可持续。

本章通过对我国稀土产品出口税收政策发展变化的回顾和效果分析，提出进一步完善稀土出口税收政策和规范出口市场秩序的建议。

参考文献

[1] 阿兰•兰德尔.资源经济学［M］.施以正，译.北京：商务印书馆，1989.

[2] 奥蒂.资源富足与经济发展［M］.张效廉，译.北京：首都经济贸易大学出版社，2006.

[3] B.盖伊•彼得斯.税收政治学［M］.郭为桂，黄宁莺，译.南京：凤凰出版传媒集团，江苏人民出版社，2008.

[4] 布坎南.民主财政论［M］.北京：商务印书馆，1993.

[5] 彼得•P.罗杰斯，卡济•F.贾拉勒，约翰•A.博伊德.可持续发展导论［M］.郝吉明，邢佳，陈莹，译.北京：化学工业出版社，2008.

[6] 樊纲，张晓晶，魏强，等.中国经济再平衡之路：内外均衡与财税改革［M］.上海：上海远东出版社，2010.

[7] 龚辉文.促进可持续发展的税收政策研究［M］.北京：中国税务出版社，2005.

[8] 关小虎.促进循环经济发展的税收政策研究［M］.北京：中国税务出版社，2008.

[9] 哈维•S.罗森，特德•盖亚.财政学［M］.8版.郭庆旺，赵志耘，译.北京：中国人民大学出版社，2009.

[10] 赫尔曼•E.戴利.超越增长——可持续发展的经济学［M］.诸大建，等，译.上海：上海世纪出版集团，2006.

[11] 何维达，吴玉萍.国家能源产业安全的评价与对策研究［M］.北京：经济管理出版社，2010.

[12] 何永林.内蒙古资源的科学开发和利用［M］.呼和浩特：内蒙古人民出版社，2010.

[13] 孔令锋.可持续发展的政治经济学分析——基于市场与政府的视角［M］.上海：上海财经大学出版社，2008.

[14] 拉吉•帕特尔.粮食战争［M］.郭国玺,程剑锋,译.北京：东方出版社，2009.

[15] 刘灿.我国自然资源产权制度构建研究［M］.成都：西南财经大学出版社，2009.

[16] 马克思.资本论（第三卷）［M］.北京：人民出版社，1975.

[17] 马海涛.中国税收风险研究报告［M］.北京：经济科学出版社，2011.

[18] 马衍伟.中国资源税制改革的理论与政策研究［M］.北京：人民出版社，2009.

[19] 牟锐.中国信息产业发展模式研究［M］.北京：中国经济出版社，2010.

[20] 宋蕾.矿产资源开发的生态补偿研究［M］.北京：中国经济出版社，2012.

[21] 苏文清.中国稀土产业经济分析与政策研究［M］.北京：中国财政经济出版社，2009.

[22] 孙育红.循环经济引论——可持续发展的路径选择［M］.长春：吉林大学出版社，2010.

[23] 司言武.环境税经济效应研究［M］.上海：光明日报出版社，2009.

[24] 汤贡亮.2009/2010中国税收发展报告——经济与社会转型中的税收改革［M］.北京：中国税务出版社，2010.

[25] 汤姆•泰坦伯格.环境与自然资源经济学［M］.5版.严旭阳,等,译.北京：经济科学出版社，2003.

[26] 王萌.资源税研究［M］.北京：经济科学出版社，2010.

[27] 王岩，赵海东．矿产资源型产业循环经济发展——内蒙古西部地区典型案例的理论研究［M］．北京：经济科学出版社，2008．

[28] 王珺之．中国稀土保卫战［M］．北京：中国经济出版社，2011．

[29] 王乔，席卫群．比较税制［M］．上海：复旦大学出版社，2009．

[30] 威廉·恩道尔．石油战争［M］．赵刚等，译．北京：知识产权出版社，2008．

[31] 威廉·J. 鲍莫尔，华莱士·E. 奥茨．环境经济理论与政策设计［M］．2 版．严旭阳，译．北京：经济科学出版社，2003．

[32] 吴述松．自然资源租金、公共环境服务与经济可持续发展［M］．贵阳：贵州大学出版社，2011．

[33] 杨嵘，李俊亭，齐仲峰，等．中国油气资源产业可持续发展研究［M］．北京：中国社会科学出版社，2012．

[34] 约瑟夫·斯蒂格利茨．公共财政［M］．北京：中国金融出版社，2009．

[35] 张复明，景普秋．矿产开发的资源生态环境补偿机制研究［M］．北京：经济科学出版社，2010．

[36] 张维迎．市场的逻辑［M］．上海：上海人民出版社，2010．

[37] 郑健壮．产业集群、循环经济与可持续发展［M］．上海：上海三联书店，2009．

[38] 朱迪·丽丝．自然资源分配、经济学与政策［M］．蔡运龙，等，译．北京：商务印书馆，2002．

[39] 朱学义．矿产资源权益理论与应用研究［M］．北京：社会科学文献出版社，2008．

[40] 赵玉林．产业经济学［M］．武汉：武汉理工大学出版社，2008．

[41] 安体富，蒋震．我国资源税现存问题与改革建议［J］．涉外税务，2008（5）：10-13．

[42] 毕秋利．促进科技进步的税收政策探讨［J］．税务研究，2004（10）：

22–24.

[43] 曹慧，李文龙.对我国稀土产业可持续发展的思考［J］.内蒙古科技与经济，2011（6）：5–6.

[44] 蔡宁，吴结兵.企业集群的竞争优势：资源的结构性整合［J］.中国工业经济，2002（7）：45–50.

[45] 陈文东.租金理论及其对资源税的影响［J］.中央财经大学学报，2007（6）：1–5.

[46] 陈健，吴楠，朱超.我国稀土资源可持续利用对策［J］.中国人口、资源与环境，2011（21）：203–210.

[47] 陈健，吴楠.世界稀土资源现状分析与我国稀土资源可持续发展对策［J］.农业现代化研究，2012，33（1）：74–77.

[48] 陈志，刘峰.稀土产业态势国际比较与中国的选择［J］.改革，2011（5）：92–98.

[49] 程瑜.促进循环经济发展的财政政策研究［J］.中国人口、资源与环境，2006，16（6）：188–193.

[50] 邓炜.国际经验及其对中国争夺稀土定价权的启示［J］.国际经贸探索，2011（1）：30–34.

[51] 邓子基，杨志宏.财税政策激励企业技术创新的理论与实证分析［J］.财贸经济，2011（5）：5–10.

[52] 邓佐国，徐廷华.国外稀土等矿产资源储备的几点启示［J］.有色金属科学与工程，2011，02（6）：39–42.

[53] 段延锋.从地租理论看资源税改革［J］.合作经济与科技，2012（8）：70–71.

[54] 杜长顺，李梅，柳召刚，等.包头稀土精矿处理现状及建议［J］.湿法冶金，2010，29（1）：1–4.

[55] 董君.多措并举促进稀土产业可持续发展［J］.环球中国，2011（6）：40–45.

[56] 冯瑞华，黄健，潘懿，等.国外最新稀土政策分析［J］.稀土，
2010，31（4）：96–101.

[57] 傅新.战略石油储备管理的国际经验及启示［J］.宏观经济管理，
2010（2）：45–47.

[58] 高萍.征收环境保护税是实现可持续发展的需要［J］.税务研究，
2004（5）：46–47.

[59] 顾学明.促进稀土工业发展的财税政策建议［J］.中国财政，
2010（23）：56–57.

[60] 郭茂林，贾志琦，刘翠玲，等.中国稀土产业现状及战略安全的几
点建议［J］.科技情报开发与经济，2009，19（32）：95–98.

[61] 郝戊，梁孟.循环经济视角下我国稀土产业可持续发展的对策
思考［J］.生产力研究，2011（5）：131–133.

[62] 韩劲，雷霆，吴文盛.矿产资源价值的构成及其实现［J］.石家庄经
济学院学报，1997（1）：44–47.

[63] 何景川.论促进我国科技进步的税收政策［J］.科技创业月刊，
2009，22（12）：43–44.

[64] 黄小卫，张永奇，李红卫.我国稀土资源的开发利用现状与发展
趋势［J］.中国科学基金，2011（3）：134–137.

[65] 姬明亮.完善稀土产品出口配额管理制度促进稀土产业发展［J］.稀
土信息，2004（5）：16–17.

[66] 靳东升，周华伟.我国资源税收制度的现状、问题和改革［J］.税务
研究，2010（7）：40–44.

[67] 孔令锋，黄乾.科学发展观视角下的中国可持续发展阶段性与政府
作用［J］.社会科学研究，2007（2）：34–37.

[68] 赖丹，吴一丁.稀土行业税收现状及对策研究——来自南方稀土行业
的调研［J］.会计之友，2012（7）：107–109.

[69] 赖丹，边俊杰.稀土资源税费改革与资源地的可持续发展［J］.有色

金属科学与工程，2012（4）：94–99.

[70] 李少民.现行矿产资源税制存在的主要问题及对策建议［J］.中国财经信息资料，2010（20）：14–20.

[71] 范社民，李少民.支持经济可持续发展的财税政策探讨［J］.地方财政研究，2007（11）：4–9.

[72] 李文龙.我国稀土产业可持续发展问题研究［J］.科学管理研究，2011，29（1）：102–105.

[73] 李刚.稀土资源税费问题分析——以包头为例［J］.财会研究，2011（23）：19–21.

[74] 李广辉，刘小勇，李正伦.WTO下我国稀土资源出口限制法律问题探析［J］.汕头大学学报，2011，27（6）：77–83.

[75] 李国平，李恒炜.基于矿产资源租的国内外矿产资源有偿使用制度比较［J］.中国人口·资源与环境，2011，21（2）：153–159.

[76] 李升.促进环境保护的税收政策研究［J］.财政研究，2012（2）：13–15.

[77] 厉福荣.关于中国稀土资源管理的政策建议［J］.经济研究导刊，2011（18）：4–6.

[78] 廖秋敏，曾国华.从环境保证金到环境税——稀土贸易可持续发展之路［J］.有色金属科学与工程，2012（5）：111–115.

[79] 梁咏.WTO框架下稀土纠纷可能引致之争端与解决［J］.太平洋学报，2011，19（5）：60–68.

[80] 刘翔峰.日益凸显的国际大宗商品金融属性及对策［J］.国际贸易，2008（7）：36–38.

[81] 刘衍，马明.我国稀土定价权夺回的措施及其影响分析［J］.中国市场，2011（6）：107–110.

[82] 林河成.中国稀土产品市场的发展现状及建议［J］.四川有色金属，2008（1）：6–11，21.

[83] 鲁志强.为什么"稀土卖成土价钱"[J].四川稀土，2006（4）：8-12.

[84] 路卓铭，沈桂龙，于蕾.短缺与可持续双重视角下资源开发补偿机制研究——兼论我国资源型城市可持续发展的长效机制[J].财经研究，2007，33（9）：4-14.

[85] 马长海，刘梦岩.中国矿产资源税费体系重构[J].生态经济，2010（8）：52-55.

[86] 马荣璋.中国稀土行业现状及展望[J].中国科技产业，2012（8）：70-74.

[87] 马向平，石会峰."十二五"我国稀土资源可持续发展的策略探讨[J].煤炭技术，2012，31（3）：258-260.

[88] 梅运彬，刘斌.环境税的国际经验及其对我国的启示[J].武汉理工大学学报（信息与管理工程版），2011，33（1）：132-135.

[89] 孟弘，王革.加强我国稀土产业技术创新的几点建议[J].科技管理研究，2011，31（17）：8-10.

[90] 米娜.我国稀土资源优势面临缩水[J].稀土信息，2006（9）：29-29.

[91] 穆书涛.小企业污染防治的新思路[J].生态经济，2005（8）：60-62.

[92] 倪平鹏，蒙运兵，杨斌.我国稀土资源开采利用现状及保护性开发战略[J].宏观经济研究，2010（10）：13-20.

[93] 宁素嵌.促进经济增长方式转变的税收政策研究[J].东岳论丛，2007，28（1）：91-94.

[94] 欧阳华生.论我国科技进步的税收激励与国际借鉴[J].科技进步与对策，2005，22（10）：91-92.

[95] 欧阳暐.大企业集团跨区经营税收分配问题研究[J].税收经济研究，2011（2）：29-32.

[96] 潘安.从政策视角探讨我国稀土产业发展趋势问题[J].现代商贸工业，2012（12）：33-34.

[97] 彭靖里，邓艺，李建平.国内外技术创新理论研究的进展及其发展趋势[J].科技与经济，2006，19（4）：13-16.

[98] 蒲志仲.中国矿产资源税费制度：演变、问题与规范［J］.长江大学学报（社会科学版），2008，31（1）：76–83.

[99] 邱真，肖惠海.我国矿产资源税费问题探讨［J］.矿产保护与利用，2011（2）：6–8.

[100] 任凤琴.中国可持续发展思想的演进与借鉴［J］.内蒙古科技与经济，2006（4S）：5–6.

[101] 施文泼，贾康.中国矿产资源税费制度的整体配套改革：国际比较视野［J］.改革，2011（1）：5–20.

[102] 宋金华，谢一鸣.论我国矿产资源税费制度的生态化改革［J］.江西理工大学学报，2010，31（4）：22–25.

[103] 苏明，许文.中国环境税改革问题研究［J］.财政研究，2011，36（2）：2–12.

[104] 苏文清.中国稀土产业竞争力评价和分析［J］.稀土，2004，25（6）：91–99.

[105] 孙钢.我国资源税费制度存在的问题及改革思路［J］.税务研究，2007（11）：41–44.

[106] 孙钢.我国开征环境税的难点及建议［J］.税务研究，2008（8）：45–47.

[107] 沈建梅.包头稀土高新区稀土产业链雏形已现［J］.稀土信息，2002（8）：5–7.

[108] 唐本佑.论资源价值的构成理论［J］.中南财经政法大学学报，2004（2）：15–19.

[109] 唐海燕.关于完善我国科技税收优惠政策的思考［J］.财会月刊（综合版），2006（8）：31–32.

[110] 唐衍伟，王逢宝，张晨宏.中国对大宗商品国际定价权的缺失及防范［J］.统计与决策，2006（17）：43–45.

[111] 童海欣，谢可川.财税政策促进企业技术创新的可行性分析［J］.

福建金融，2011（6）：11–14.

[112] 铁卫，周宝湘.税收支持技术创新的理论依据及作用点［J］.税务研究，2007（1）：24–25.

[113] 王广成，李祥仪.论矿产资源的价值及其构成［J］.地质技术经济管理，1996（6）：22–26.

[114] 王甲山，王井中.我国矿产资源可持续发展税费问题研究［J］.资源与产业，2007，9（3）：10–13.

[115] 王俊峰，吴彩云.中国稀土深加工技术开发的经济博弈研究［J］.中国经贸导刊，2012（06Z）：5–6.

[116] 王利清，洪梅.从出口税率变化看我国稀土出口结构调整［J］.稀土，2012，33（2）：92–97.

[117] 王伟化，范振儒.开发性金融支持稀土战略性产业发展的模式研究［J］.稀土，2012，33（1）：96–101.

[118] 王希凯.论矿产资源作为生产要素的权益所得［J］.中国国土资源经济，2011，24（5）：4–8.

[119] 王玺，姜朋.鼓励自主创新的税收优惠政策探析［J］.税务研究，2010（8）：12–15.

[120] 王岩，初春霞.矿产资源型产业生态产业体系形成的经济机理研究［J］.内蒙古财经学院学报，2006（5）：21–25.

[121] 王艳文.基于GEM模型的包头稀土产业集群竞争力研究［J］.经济研究，2012（6）：20–23.

[122] 魏永春.浅论矿产资源价值的理论内涵［J］.中国地质矿产经济，2002，15（6）：30–32.

[123] 文宗瑜.支持经济转型及产业升级的财税政策：着眼于低碳经济等视角［J］.地方财政研究，2010（1）：25–30.

[124] 吴江.促进科技创新的财税政策研究［J］.广东财经职业学院学报，2009，8（1）：18–23.

[125] 吴香玉.筑牢稀土资源保护长城——包钢保护矿产资源工作纪实［J］.中国有色金属，2010（15）：56-57.

[126] 吴艳芳，王亚萍.环境税促进稀土产业持续健康发展［J］.财会月刊，2012（9）：32-34.

[127] 吴志军.我国稀土产业可持续发展战略研究［J］.江西社会科学，2012（2）：44-51.

[128] 吴志军.我国稀土政策的反思与研讨［J］.当代财经，2012（4）：90-100.

[129] 熊家齐.包头市的"稀土产业链"经济——多元关联、簇群化的产业形态［J］.稀土，2003，24（5）：67-78.

[130] 邢丽.开征环境税：结构性减税中的"加法"效应研究［J］.税务研究，2009（7）：9-13.

[131] 杨文选，李杰.我国自然资源价格改革的理论分析与对策研究［J］.价格月刊，2009（1）：35-38.

[132] 杨浏，张许静.论汇率传递、配额对我国稀土商品出口市场势力的影响［J］.商业时代，2012（10）：47-48.

[133] 杨晶晶.中国稀土市场现状分析及展望［J］.四川稀土，2011（2）：23-27.

[134] 杨志宏.促进自主创新的财税政策研究述评及启示［J］.吉林工商学院学报，2010，26（3）：52-54.

[135] 闫包成，祖刚.包头稀土产业可持续发展的战略构想［J］.北方经济，2009（15）：41-43.

[136] 叶明.技术创新理论的由来与发展［J］.软科学，1990（3）：7-10.

[137] 袁博.我国稀土产业政策及管理体制变革的回顾与综述［J］.中国金属通报，2012（14）：18-19.

[138] 章洁.我国稀土产品出口定价权缺失问题与原因分析［J］.北方经济，2010（13）：66-67.

[139] 张斌.资源税费体系中的资源税改革 [J].中国税务，2010（9）：23–25.

[140] 张林海.借鉴国外经验完善我国资源税制度 [J].涉外税务，2010（11）：44–48.

[141] 张所续.世界部分国家矿产资源储备政策研究 [J].矿产保护与利用，2011（5）：9–12.

[142] 张许静，王正明.提高稀土资源税率对增强我国稀土出口定价权的潜在影响研究 [J].特区经济，2012（1）：280–282

[143] 张岳.我国促进技术创新的财税政策分析 [J].东方企业文化·远见，2010（2）：15–16

[144] 张忠，李振宏.国家实施稀土资源战略储备的意义及方式建议 [J].稀土信息，2010（3）：32–33.

[145] 郑传均，欧阳化雪.中国稀土近年政策回顾及相关政策建议 [J].现代商贸工业，2012，24（1）：7–8.

[146] 周喜，韩晓英.我国稀土产业现状及发展趋势（下）[J].稀土，2010，31（5）：93–98.

[147] 钟霖，梁敏.从出口税收政策的变化探讨我国稀土资源可持续发展的策略 [J].有色金属科学与工程，2012（4）：100–107.

[148] WTO终裁中国原材料出口限制违规锁定稀土为终极目标 [J].稀土信息，2012（2）：7–9.

[149] 胡志军.促进可持续发展的税收政策研究 [D].武汉：华中师范大学，2006.

[150] 李德升.我国软件产业发展的财税政策研究 [D].北京：财政部财政科学研究所，2012.

[151] 李珊.中国稀土出口贸易研究 [D].北京：中国地质大学，2011.

[152] 刘丽.我国国家生态补偿机制研究 [D].青岛：青岛大学，2010.

[153] 米娜.内蒙古稀土产业发展对策的探讨 [D].北京：首都经济贸易

大学，2011.

[154] 尚宇.中国稀土产业国际竞争力研究［D］.北京：中国地质大学，2011.

[155] 陶春.中国稀土资源战略研究——以包头、赣州稀土资源产业发展为例［D］.北京：中国地质大学，2011.

[156] 王武平.我国稀土产业环境分析及对策研究［D］.天津：天津大学，2005.

[157] 杨晓萌.生态补偿机制的财政视角研究［D］.大连：东北财经大学，2009.

[158] 赵明华.包头稀土产业集群研究［D］.呼和浩特：内蒙古大学，2005.

[159] 钟绍峰.生态补偿机制的比较研究［D］.长春：吉林大学，2010.

[160] 陈德成.稀土不能成为类金融产品［N］.新京报，2011-11-04.

[161] 邓淑华，纪爱玲.整合资源创新驱动 创新型产业集群崛起［N］.中国高新技术产业导报，2012-03-05.

[162] 沈满洪，杨天.生态补偿机制的三大理论基石［N］.中国环境报，2004-03-02.

[163] 文风.问罪中国稀土出口没道理［N］.证券日报，2012-03-06.

[164] 陈占恒.中国稀土产业和相关政策概览［J］.四川稀土，2010（03）：11-17.

[165] 中华人民共和国国务院新闻办公室.中国的稀土状况与政策［Z］.北京：人民出版社，2012.

[166] 马鹏起.稀土报告文集［R］.北京：冶金工业出版社，2012.

[167] Auty R M. Sustaining Development in Mineral Economies：The Resource Curse Thesis［M］.London：Routledge，1993.

[168] Arthur Cecil pigou. The Economics of Welfare［M］.London：Macmillan，1920.

[169]　Bergstrom T C. On Capturing Oil Rents with a National Excise Tax［J］. American Economic Review, 1982, 72（1）: 194-201.

[170]　David M Newbery.Why Tax Energy?Towards a More Rational Policy［J］. The Energy Journal, 2005, 26（3）: 1-40.

[171]　OSTROM E. Governing and Commons : The Evolution of Institutions for Collective Action［M］.New York : Cambridge University Press, 1990.

[172]　Fifarek, Brain J. Globalization, Offshoring, and the Location of Innovaiton : A Case Study of Rare Earth Technology［D］. Pittsburgh : Carnegie Mellon University, 2008.

[173]　Garrett Hardin.The Tragedy of the Commons［J］.Science, 1968, 162（5364）: 1243-1248.

[174]　Hiroshi Kawamoto.Japan's Policies to be Adopted on Rare Metal Resources［J］. Quarterly Review, 2008（4）: 57-76.

[175]　OECD.The political Economy of Environmentally Related Taxes［J］. OECD publications, 2006.

[176]　Tim Lloyd, Steve McCorriston, Wyn Morgan. Price Transmission in Imperfectly Competitive Vertical Markets［J］. University of NOTTINGHAM Discussion Papers in Economics, 2004（4390）: 1129-1130.

后 记

本书是在我博士论文的基础上修改而成。书稿付梓之际，毕业又已四年，回首三年的博士求学之路，点点滴滴又渐次清晰起来。

那年春天，论文完成即将参加答辩时，春雨淅沥，悄无声息，不管是在包头还是在北京，都是我今年见的第一场春雨。看着雨中的城楼街巷、春花碧水、青草绿柳，多日的阴霾散去，我的心情也轻爽起来。三年的求学往事，如这雨烟，轻拂脑海……

初见孙钢老师，亲切得如本家二叔；但一谈起专业，我又敬畏如山。孙老师宅心仁厚、勤奋严谨、闲静少言、不慕名利的真学者风范，必将让我受益终生。"得经师易，求人师难"，托上天眷顾，使我既得经师，亦得人师。在孙老师的谆谆教诲和耐心指导下，我如期完成了学业。

在学习期间，我得到财政部财政科学研究所（现为中国财政科学研究院）多位老师的倾心培养和帮助。

感谢各位领导、同仁对我的支持和帮助。感谢我的父母，你们的勤劳朴实、真诚待人，深深地教育和影响了我，尤其是我那一字不识的老父亲，身教重于言教的思想贯彻得最好；我特别要把此书献给我逝去的母亲，是她的执着和坚持，使我在曲折的求学之路上充满自信。

感谢所有家人和朋友的鼓励和帮助！

在本书的写作过程中，我参阅了大量的中外文献资料，感谢所有的作者，是你们的辛勤工作和研究成果给了我极大的帮助和启发。感谢东北林业大学出版社各位领导和编辑细心和高效的工作。

另外，本书力求在吸收前人研究成果的基础上有所创新和发展。可持续发展是人类社会追求的永恒目标，希望我的研究能对其有所助益。虽然努力探索，但囿于个人学识水平和研究能力，书中难免还有一些不足和疏漏，真诚欢迎前辈和读者批评指正。